ROBERT KOCH

W0057989

FENSTERBANK
—— GÄRTNERN

KOSMOS

Fensterbankgärtnern

VITAMINE NASCHEN
Salate, Blüten und Früchte

GEMÜSE, KRÄUTER UND GEWÜRZE
Sommerfrische Ernte

DO IT YOURSELF
My home

PFLANZEN-PORTRÄTS
Wer bist du?

Urban Gardening

Wir lieben das urbane Leben, unsere Stadt, den Kiez und die gemütliche Altbauwohnung. Jetzt noch ein bisschen Gärtnern und die grüne Leidenschaft ausleben, das wär's.

Gärtnern entspannt und entschleunigt das Leben. Die grüne Auszeit, ein Ausgleich zum oft so stressigen Alltag. Gärtnern befriedigt auch das Bedürfnis, die Ursprünglichkeit von Lebensmitteln selbst zu erfahren und dabei wieder hautnah die Natur zu spüren. Essen anzubauen ist Kult, besonders für urbane Hipster! Und schmeckt nicht nur, sondern sieht auch schick aus, ja fast schon sexy.

Aber leider fehlt der Balkon, und auch der dunkle Innenhof scheint gänzlich ungeeignet für die Anlage eines Hochbeetes. Dann gibt es nur eine Lösung: GÄRTNERN SIE EINFACH AUF DER FENSTERBANK!

Auch hier, auf allerkleinstem Raum, versprechen selbstgezogene Gemüse-, Obst- oder Kräuterpflanzen köstlichen Genuss, echte Vitaminschübe und würzige Aromen. So kommt der Garten von der Fensterbank in die Küche und beim Blick nach draußen sehen Sie plötzlich viel Grünes und Buntes. Von der Jungpflanze auf der Fensterbank bis hin zum Feiern des Ernteerfolgs in der Küche – das geht auch ohne mineralische Volldünger. Goodbye chemische Keule, alles bio! Natürliches Gärtnern mit Herz und Verstand, danach handeln Sie, das hat Style, das bringt gute Laune!

GRÜN MACHT SPASS

Ein großes Experimentierfeld wartet auf Sie, kreatives Austoben, natürlich in Bioqualität. Sie werden mit Ihrem Fensterbankgarten keine Großfamilie ernähren können, aber für eine Vorspeise, ein Kräuteröl oder ein kleines Fruchtdessert reicht der Minigarten allemal aus. Es geht vor allem um das gute Gefühl, das Erlebnis „Made-by-me", und nicht um hohe Erträge.

Thematisch zusammengestellte Pflanzkombinationen zeigen Ihnen, was alles möglich ist, und regen die Fantasien an für eigene Kreationen. Schon mal den Tomaten-Rucola-Basilikum-Kasten probiert? Oder leckere Smoothies oder Cocktails von der Fensterbankbar? Die

1. Kreativwerkstatt Fensterbank, 100 % organic.　**2.** Selbst ernten und Geschmack entwickeln.

Trennung in hübsch oder essbar gilt übrigens als aufgehoben. Nur die Himmelsrichtung des Fensters sollte zu den Standort- und Lichtansprüchen der Pflanzenauswahl passen.
Und bitte die essbaren Blüten nicht vergessen, deren Farben und Düfte auch zahlreiche Insekten wie Bienen, Hummeln oder Schmetterlinge anlocken. Das rege Treiben vor dem Fenster fasziniert auch Stadtkinder und regt ihre Entdeckungslust an. Sie können Aussaat, Wachstum und Ernte miterleben und so ganz spielerisch das Zusammenspiel der Pflanzen und Tiere in ihrem Lebensraum sowie die Auswirkung des Schaffens mit den eigenen Händen kennenlernen. Täglich eine rote Erdbeere zupfen, Vitamine naschen kann sogar Spaß machen! Ob als Belohnung anstelle von Süßigkeiten oder um Spannung zu erzeugen: „Ob morgen die Erdbeere da drüben schon rot ist, Mama?" Der Fensterbankgarten schafft Gemeinsamkeiten und sorgt für lachende Gesichter. Und wenn auch mal ein Pflänzchen nicht so wachsen will, das hat sicherlich einen Grund, dann klappt's bestimmt im nächsten Jahr. Tipps und Tricks zum Gärtnern auf der Fensterbank finden Sie auf jeden Fall reichlich in diesem Buch.

LEBEN FÖRDERN IN DER STADT

Mit Ihrem Fensterbankgarten schaffen Sie auch Nahrung für Bienen, Hummeln und Schmetterlinge in der Stadt. Besonders die Lippenblüten vieler Kräuter-arten wie Lavendel oder Salbei laden ein zu einem täglichen Besuch.

Von der Hand in den Mund: Wer da nicht direkt zugreifen will, ist kein Fan von aromatischem Balkongemüse oder süßem Zwergenobst. Tomaten oder Erdbeeren als Topfklassiker verführen fast jeden Stadtgärtner.

URBAN FARMING

Die Sehnsucht zur Natur und zu den Wurzeln zurückzukehren, erweckt den Drang, am liebsten von Anfang an alles selber machen zu wollen. „Grow-your-own", etwas Eigenes anbauen und erleben, wie es wächst und gedeiht. Essen, was ich säe. Stolz sein auf die eigene Ernte. Da können ein paar Praxistipps sicher nicht schaden. Gärtnerwissen aus Profihand – Schritt für Schritt – fundiert, einfach und einsteigertauglich wartet auf Sie. Sei es die Anzucht verschiedener Varietäten, die Gefäßwahl, die Erde, das Gießen und Düngen oder wie Sie die Pflänzchen gesund erhalten. Pflanzenpflege ist Ihre Erholung, es verschafft Muße und Inspiration. Das Tun und Kümmern entspannt und bringt Sie mit purer Natürlichkeit wie Erde, Blättern oder Wurzeln in Kontakt. Authentische Dinge, die sich echt anfühlen. Wesentlich scheint auch die Absturzsicherung, selbst wenn die Fensterbank recht breit erscheint – ob mit einer Teleskopstange in Marke Eigenbau oder einem im Handel erhältlichen Halterungssystem.

Um möglichst viele verschiedene Arten anzubauen, sind für Ihre Fensterbank-Projekte kompakte Sorten gefragt. Die finden Sie auf Seite 64 bei den Porträts inklusive der wichtigen Anbautipps für die neuen Mitbewohner. So funktionieren selbst knackige Salatgurken oder süße Waldheidelbeeren. Naturkult und Urbanisierung passen gut zusammen! Ihr Projekt beginnt jetzt und hier. Packen Sie es an – grüner wird's nicht.

VITAMINE
NASCHEN

Salate, Blüten und Früchte

In diesem Kapitel dreht sich alles um knackige Blätter, zarte Blüten und frische Früchte, die Sie direkt vor Ihrem Fenster anbauen können. Los geht's!

Fensterbankgärtnern verbindet die Lust am Pflanzen und Gestalten, Pflegen und Ernten mit dem kulinarischen Genuss der selbst herangezogenen Salate, Blüten und Miniobstpflanzen. Ihren Geschmack werden Sie im Vergleich zur herkömmlichen Supermarktware als doppelt- und dreifachintensiv empfinden, denn: Frischer geht's nicht!

FEINE SALATBAR

Von der Fensterbank rein in die Salatschüssel. Wer seine eigenen Salate im Kasten zieht, hat immer das passende Grünzeug für eine kleine leckere Salatkreation zur Hand. Oder das Salatblättchen dient als dekoratives Knackerlebnis auf dem morgendlichen Pausensandwich. Pflück- und Schnittsalate sind besonders pflegeleicht und gut geeignet für die Anzucht im Kasten.

Saatmischungen mit roten und grünen Salatsorten wie 'Babyleaf' liefern ein schönes Farbenspiel im Blumenkasten und sind auch als praktisches Saatband erhältlich. Da sie nur wenige Nährstoffe benötigen, reicht der Vorrat in der Gemüseerde aus. Werden die Salatpflanzen regelmäßig gegossen, wachsen sie schnell und zuverlässig.

Mindestens sechs Wochen lang kann geerntet werden, wenn man bei der Ernte die Herzblätter stehen lässt. Neben Pflück- und Schnittsalaten eignen sich für die Fensterbank auch andere Salatsorten wie 'Batavia' (etwas bitter) oder Kopfsalate, zum Beispiel 'Salanova'. Sind die Köpfe erntereif, sollten sie vollständig innerhalb einer Woche geschnitten werden.

Salatgewürze

Pikant und wild wird es am Salatbuffet, wenn Sie unter die Salate Samen von Rucola, Kresse, Radieschen oder Dill hinzumischen. Dann können Sie die Salatgewürze später gleich miternten.

Die länglichen, grünen Rucola-Blätter verleihen Salaten durch ihren scharfen, nussigen Ge-

Der Standort sollte nicht zu heiß sein, sonst beginnen Salate schnell zu schießen, das heißt unerwünschte Blüten zu bilden.

schmack ein würziges Aroma – fast schon eine unverzichtbare Zutat nicht nur für italienische Salate.

Radieschen können schon nach drei bis vier Wochen geerntet werden. Mit ihrer schnellen Kulturzeit eignen sie sich gut als „Lückenbüßer". Ringelblume oder Kapuzinerkresse liefern mit ihren lecker schmeckenden Blüten bunte Eyecatcher. Sie sind aber oft so wüchsig, dass sie die Salatpflänzchen unterdrücken. Besser also gezielt einzeln dazu pflanzen.

Wintersalate

Wenn Sie auch im Winter die Salatbar bestückt haben möchten, können Sie im August/September Feldsalat direkt in den Kasten aussäen (mit 3 bis 5 cm Abstand). Auch als Acker- oder Rapunzelsalat bekannt, wächst dieser im Winter weiter und liefert dann, wenn andere Salate Mangelware werden, vitaminreiche Blätter für die Küche. Je nach Witterung wird von Spätherbst bis Frühjahr geerntet. Sobald die Pflanzen sich berühren, zunächst die äußeren Blätter abschneiden. So sind weitere Ernten möglich. Auch Spinat eignet sich für die „Überwinterung", wenn Sie Popeye's Lieblingsgemüse roh im Salat verarbeiten möchten. Zu den Geheimtipps zählt bislang noch der Winterportulak, auch als Postelein bekannt. Seine Erntezeit reicht ebenfalls von November bis März.

1. Die Blüten der Kapuzinerkresse schmecken mild-würzig in Salaten und Kräuterbutter, auch die Samen sind essbar.

2. Blüten machen einfach nur Spaß – besonders auf Brot!

TIPP

Schnittlauch ist ein Muss im Salatbuffet! Wenn Sie mindestens zwei von diesen Stauden verwenden, können Sie die eine immerzu beernten, während Sie die andere unberührt zur Blüte kommen lassen. Es lohnt sich: Hübsche, blauviolette Gourmetblüten schmecken lecker süßlich und sind dazu Tummelplatz für Bienen, Hummeln und Schmetterlinge.

BLÜTEN SCHMECKEN

Nur Tomaten oder Radieschen sind Ihnen als Farbtupfer im Salat zu wenig? Dann peppen Sie Ihre Salatkreation mit essbaren Blüten auf und lassen Sie sich ein auf eine neue geschmackliche Entdeckungsreise.

Etwas Überwindung kostet es anfänglich schon, eine knallig rot-orange Blüte der mildwürzigen Kapuzinerkresse auf die Gabel zu piksen und sich diese Farbenpracht in den Mund zu schieben. Wer aber diese anfängliche Hemmung überwindet, dem eröffnet sich ein weites Feld kulinarischer Genüsse. Denn die Vielfalt an essbaren Blüten ist ungeahnt groß, genauso wie die Möglichkeiten ihrer Verwendung. Nicht nur in Salaten, auch Suppen, Butterbrote oder Süßspeisen lassen sich ein auf diesen Gaumenschmaus. Echte Gourmets legen geschlossene Knospen sowie unreife Samen der vielfältigen Kapuzinerkresse als Kapernersatz in Essig oder Salzlake ein. Neben bekannten Gemüse- oder Gewürzpflanzen wie

Artischocken-, Zucchini- oder Borretschblüten fasziniert auch die Fülle an essbaren Blüten von Pflanzen, die auch oder gerade wegen ihrer zierenden Schönheit aufgepflanzt werden.

Ob Duftpelargonien, Gewürz-Tagetes, das wilde Stiefmütterchen, Ringelblumen, Taglilien oder Kornblumen, sie alle und viele andere mehr bieten ausreichend Material für ein kulinarisches Naschwagnis. Entweder Sie pflanzen Kapuzinerkresse & Co. direkt mit in das Salatbuffet oder aber Sie legen einfach und schnell eine eigene essbare Blütenlandschaft an. Bei gekauften Pflanzen immer darauf achten, dass sie frei sind von Pflanzenschutzmittel-Rückständen. Mit Bio-Qualität sind Sie da auf der sicheren Seite.

Und noch etwas: Bei aller Experimentierfreude, Finger weg von verlockend aussehenden Blüten, die zu den Giftpflanzen gehören, wie beispielsweise Akelei, Maiglöckchen oder Christrose.

DUFTENDE NEKTARBAR

Stellen Sie sich vor, Sie öffnen das Fenster und eine aromatische Duftwolke strömt Ihnen entgegen – und das mitten in

ESSBARE BLÜTEN

WIR HEISSEN ...	... UND SO SCHMECKEN WIR
BORRETSCH (*Borago officinalis*)	Blütenblätter mit Gurkenaroma, Staubgefäße schmecken süß
GÄNSEBLÜMCHEN (*Bellis perennis*)	nussig, hübsche Verzierung
INDIANERNESSEL (*Monarda didyma*)	würziges Aroma
KAPUZINERKRESSE (*Tropaeolum majus*)	pfeffrig-würzig, pikant
RINGELBLUME (*Calendula officinalis*)	würzig, Blütenblätter auszupfen und einzeln über Salat streuen
SCHNITTLAUCH (*Allium schoenoprasum*)	frisch-süßlich
TAGLILIE (*Hemerocallis sp.*)	knackig-würzig, mit pfeffrigem Nachgeschmack
VEILCHEN (*Viola* Hybriden)	duftig-zart

der Stadt. Wie ein duftender Naturgarten vor dem Fenster entsteht, der zudem noch nützlichen Insekten wie Bienen und Hummeln ein Zuhause bietet.

Wo Kräuter aufblühen, sind wunderbare Düfte aus ätherischen Ölen nicht fern. Frisch und stimulierend, anmutig und sanft – ein wahres Eldorado für die Nase. Unwillkürlich reiben wir auch automatisch an ihren Blättern, schnuppern, kosten womöglich – und lächeln.

Viele selbst ausgesäte Sommerblumen versprühen besonders bei Sonnenschein angenehme Düfte in allen Variationen und erfreuen zugleich das Auge. Ihre Blütendüfte verbreiten diese Pflanzen übrigens, um zu ihrer Bestäubung Bienen, Hummeln, Schmetterlinge und

WIR DUFTEN VOR DEM FENSTER

WIR HEISSEN …	… UND WIR DUFTEN
DUFTGERANIE (*Pelargonium × fragrans*)	nach Zitrone, Orange, Apfel, Rose u. a.
DUFTSTEINRICH (*Lobularia maritimum*)	lieblich, nach Honig duftend
DUFT-WICKEN (*Lathyrus odoratus*)	süßer Blütenduft
EISENKRAUT (*Verbena*-Hybriden)	intensiver Blütenduft, sortenabhängig
ELFENSPIEGEL (*Nemesia fruticans*)	weiße Sorten duften besonders
HARFENSTRAUCH (*Plectranthus* 'Variegata')	die weißgrünen Blätter duften
ROSMARIN (*Rosmarin officinalis*)	duftende Blätter und Blüten
SCHOKOLADENBLUME (*Berlandiera lyrata*)	Schokoladenduft
VANILLEBLUME (*Heliotropium arborescens*)	warmer Vanilleduft
WUNDERBLUME (*Mirabilis jalapa*)	starker fruchtiger Duft in den Abendstunden
ZIERTABAK (*Nicotiana × sanderae*)	Blütenduft in der Dämmerung

BEE GREEN – WENN BIENEN SICH WAS WÜNSCHEN KÖNNTEN!

1. Kein Einsatz bienengefährlicher Pflanzenschutzmittel,
2. ausreichendes Nektar- und Pollenangebot von März bis Oktober,
3. vielfältige Bienenweiden mit heimischen Wildblumen.

BIENEN-KASTEN

Kastenbeispiel: Wandelröschen = grüner Kreis, Thymian = grauer Kreis, Kosmee = schwarzer Kreis, Lavendel = brauner Kreis, Ringelblume = goldener Kreis

BLUMEN FÜR BIENEN

— Balkonklassiker wie einfachblühende Dahlie, Wandelröschen, Margerite, Zinnie oder Vanilleblume,

— Sommerblumen wie Kosmee, Mädchenauge, Ringelblume, Sonnenbraut oder Kornblume,

— Blühende Kräuter wie Salbei, Thymian, Lavendel, Basilikum oder Borretsch,

— Samenmischungen aus heimischen Wildblumen wie „Bienenweide", „Bienengarten" oder „Bienen- und Hummelmagnet".

Falter anzulocken. Mit einem naturnah bepflanzten Blütenbuffet auf der Fensterbank Duftoasen schaffen und dabei Bienen fördern, quasi im Doppelpack. Das kann richtig entspannend sein, den Balkontouristen bei der Nahrungsaufnahme zuzuschauen, auch für Kinder. Je vielfältiger die Blütenauswahl, umso mehr Insekten werden angesprochen.

URBAN BEEKEEPING

Bienen fliegen emsig von Blüte zu Blüte, um deren Pollen und Nektar zu sammeln. Als wahrer Workaholic besucht sie tagtäglich drei- bis fünftausend Blüten. Eine starke Leistung! Und den Stadtimker freut's, denn für ein Kilogramm Honig sind erstaunliche zwei Millionen Blütenbesuche notwendig. Mit Blütenstaub überzogen, sorgen sie „ganz nebenbei" für eine Bestäubung der Wild- und Kulturpflanzen – ein unermesslicher Wert für den Naturhaushalt, auch in Ihrer Stadt! Deswegen ist Bienenschutz so wichtig. Übrigens: Bienen sind Vegetarier und haben im Gegensatz zur Gemeinen Wespe kein Interesse an unseren Speisen.

„PFLÜCKSALAT TRIFFT APFEL"

Mit Grünen Smoothies als pushender Vitamin-Kick fit in den Tag oder als gemütlicher Entspannungstrunk für den Abend. Taste it!

WAS SIND GRÜNE SMOOTHIES?

Grüne Smoothies sind cremig pürierte, gesunde Power-drinks. In ihnen steckt die volle Kraft der Natur, denn die grüne Rohkost liefert Vitamine und pflanzliche Ballast-stoffe quasi am Fließband. Obendrein schmecken grüne Smcothies sagenhaft gut, sind als kleine Mahlzeit schnell selbst gemacht, mit allerbesten Zutaten, frisch von der Fensterbank mit möglichst allem, was gerade Saison hat. Weil Smoothies auch oft farbenfroh und kunterbunt daherkommen, ist gute Laune so oder so garantiert.

WER MIT WEM?

Als grüne Grundlage dienen Feld- oder Pflücksalat je nach Saison, auch Spinat oder selbst die Salatgurke wären denk-bar. Leckeres Obst kommt hinzu, ob Banane, Birne oder Apfel. Verfeinert wird mit Fitkräutern wie Zitronenmelisse oder Ananassalbei. Besonders reich an Vitalstoffen sind Wildkräuter wie Sauerampfer, Bärlauch oder Dost. Als wilde Kerle – rau, wild und ungeschminkt – lassen sie sich auch auf der Fensterbank zähmen. Jetzt noch als Flüssigkeit mit Milch oder Joghurt, mit Eis oder einfach nur mit Wasser verlängern, der Fantasie sind keine Grenzen gesetzt, Haupt-sache es schmeckt! 30–60 Sekunden pürieren, fertig. Ein bis zwei Tage halten sich die Powerdrinks im Kühlschrank, am besten aber schmecken sie ganz frisch.

WOMIT?

Das wichtigste Equipment ist ein leis-tungsstarker elektrischer Standmixer mit ausreichend Fassungsvermögen. Dazu noch ein scharfes Messer, um das verwendete Obst und Gemüse in Stücke zu schneiden.

LECKERE FRÜCHTE

Fruchtig, süß und aromatisch – köstlich rote Erdbeeren bieten maximalen Genuss, machen fit und bringen gute Laune. Sonnengereifte Erdbeeren von der eigenen Fensterbank, selbst gepflückt, hmm, wie lecker die schmecken! Der Geschmack ist viel intensiver als bei gekauften Früchten, da die eigene Anzucht die Auswahl besonders aromatischer Sorten ermöglicht. Erdbeeren bieten zudem ein gesundes Naschen ohne Reue. Denn sie sind absolut kalorienarm, haben dafür aber einen sehr hohen Vitamin-C-Gehalt – mehr als in Orangen steckt – und sind reich an Calcium und Magnesium. Schon mit einer Portion von 150 g Erdbeeren ist der Tagesbedarf an Vitamin C gedeckt.

Lieblingsfrüchte zum Naschen:

— Einfach so von der Hand in den Mund,
— zum Eis oder als Dessert,
— in frischen Sommersalaten,
— in Smoothies und Shakes,
— als getrocknete Erdbeerchips.

SELBER NASCHEN ODER VERSCHENKEN

— Erdbeeren waschen, gut trocken tupfen, putzen und in 3 bis 5 mm dünne Scheiben schneiden.

— Etwas Puderzucker auf Backpapier stäuben, die Scheiben verteilen.

— Bei ca. 80 °C trocknen, Ofentür einen Spalt offen lassen, damit die Feuchtigkeit entweicht.

— Nach etwa 1 Stunde wenden, mit etwas Puderzucker bestäuben, nochmal 30 Minuten vollständig trocknen.

— Fertig: Erdbeerchips gut abkühlen lassen, ab in ein luftdicht schließendes Glas. Ca. 6 Monate haltbar.

Beeren im Hochformat

Der Platz vor dem Fenster ist begrenzt. Pro Tag eine Handvoll mit beerigen Fitmachern zu ernten, scheint fast unmöglich. Es sei denn, Sie nutzen eine breite Fensterleibung und lassen hier rankende Erdbeeren einfach mal abhängen. Mit etwas Kreativität lassen sich platzsparende fantasievolle Eigenlösungen leicht selber zaubern, indem Sie Kokosnüsse oder PET-Flaschen als Pflanzbehälter upcyclen. Sie können aber auch fertige vertikale Pflanzsysteme kaufen, wie Stofftaschen zum Beispiel, mit denen Sie seitlich die Höhe der Fensterleibung optimal nutzen. Achten Sie darauf, dass auch die obersten Pflanzen noch zum Gießen, Pflegen und Ernten bequem zu erreichen sind – und das völlig ohne Risiko eines Fenstersturzes!

NOCH MEHR FRUCHTALARM

Der Fensterbankgarten hat neben Erdbeeren geschmacklich noch viel mehr zu bieten: die fliegende Andenbeere zum Beispiel oder das Zwergenobst aus dem Moorenland. Kleine saftige, orangefarbene Früchtchen, die mit einem papierartigen Lampion umhüllt sind – trauen Sie sich ran an diesen Exoten! Denn mittlerweile versprechen kompakte Neuzüchtungen der Andenbeere *(Physalis peruviana)* auch einen guten Ernteerfolg auf wenig Raum. Doch nur, wenn der Standort besonders sonnig, warm und geschützt ist, können die Früchte bis in den Herbst ausreifen. Sorten mit hängendem Wuchscharakter eignen sich übrigens gut, in ausrangierten Taschen kultiviert zu werden. Denken Sie daran, dass die Andenbeere als wahrer Nimmersatt gilt, wenn es um ihre Wasser- und Nährstoffversorgung geht.

Textile Pflanztaschensysteme eignen sich bestens fürs vertikale Gärtnern mit Erdbeeren.

Suchen Sie sich im Porträtteil Ihre Lieblingsorte aus!

Vielfach verwendbar

Mit ihrem süß-saftigen Fruchtfleisch und einem leicht säuerlichen Nachgeschmack im Abgang, der an Ananas und Stachelbeeren erinnert, lässt sich die Andenbeere aufgeschnitten bestens in Obst- oder Blattsalaten verwenden. Als essbare Deko passt sie mit ihren papierartigen Blättern auf jedes kalte Buffet, als Tischschmuck oder auch toll zu Cocktails. Der absolute Renner aber sind Andenbeeren in Verbindung mit Schokolade: eingetaucht in ein Schokoladenfondue oder in Schokopudding – köstlich! Aus der Andenbeere kann man auch kinderleicht eine wohlschmeckende Praline herstellen, wenn man den Lampion nach hinten klappt und die Frucht in heiße Schokolade taucht.

Moorbewohner

Waldheidelbeeren, Cranberries und Preiselbeeren sind die Lieblinge kleiner Naschkatzen, die es nicht nur süß sondern auch mal herzhaft-säuerlich mögen. Die beerenstarken Alleskönner stecken voller Vitalstoffe, als Früchtespaß im morgendlichen Müsli oder mal eben zwischendurch.
Mit ihrem kompakten Wuchs eignen sie sich gut für die Fensterbank, die aber keinesfalls in der prallen Sonne liegen sollte. Denn ihr Heimatstandort auf sauren Böden lichter Wälder verrät viel über ihre Ansprüche. Halbschatten wäre ideal, mit ein paar Stunden Morgen- oder Abendsonne. Als Moorbeetpflanzen gedeihen sie nur in einem sauren Substrat, wie beispielsweise Rhododendronerde. Verwenden Sie deshalb auch nur weiches, kalkfreies Wasser zum Gießen, damit die Erde schön sauer bleibt.
Gut eignet sich hier Regenwasser. Sicher, schwierig zu beschaffen. Aber vielleicht befindet sich im Hinterhof eine Möglichkeit, wo sich das kostbare Nass abzapfen lässt.

BEEREN-KASTEN

Kastenbeispiel: 2 x Waldheidelbeere = grüne Kreise, 1 x Preiselbeere = grauer Kreis, 2 x Cranberries = schwarze Kreise

Als Substrat verwenden Sie eine Rhododendronerde oder aber eine bereits im Handel erhältliche Bio-Heidelbeererde mit Rindenhumus als Torfersatz und organischem Dünger.

HIMBEEREN

Sie lieben heiße Himbeeren mit Vanilleeis? Wenn Sie eine breite Fensterbank haben, ist die stachellose Zwerghimbeere 'Ruby Beauty' ein Versuch wert. Das Gefäß sollte aber mindestens 20 Liter beinhalten und garantiert absturzsicher befestigt sein.

Die dekorativen, kleinen Vitalstoffbomben schmecken mit
Milch oder Sahne besonders köstlich.

Nur die gut ausgereiften, schwarzblauen Früchte pflücken, denn zu früh geerntet, fehlt noch Aroma.

GEMÜSE, KRÄUTER UND GEWÜRZE

RATATOUILLE VON DER FENSTERBANK

Auberginen, Paprika, Zucchini, Tomaten und Zwiebeln sind die wichtigsten Bestandteile der berühmten Delikatesse aus der provenzalischen Küche. Nach der Ernte in nicht zu kleine Stücke schneiden, anbraten und dann etwa zehn Minuten schmoren lassen. Dazu gehören ein gutes Olivenöl, Salz, Pfeffer, Knoblauch und Kräuter der Provence.

Sommerfrische Ernte

Die Fensterbank verwandelt sich in ein Paradies, wenn Paprika, Aubergine oder Zucchini in der Sonne ihre ersten Früchte ausreifen lassen, Kräuter und Gewürze ihren Duft verbreiten.

Die Verwendung sommerlicher Fruchtgemüse, Kräuter und Gewürze könnte vielfältiger kaum sein. Und schon sind wir bei der Snackpaprika, die sich gerne mit ihren sonnengelben oder orangen, konisch geformten Früchten zwischen den grünen Blättern präsentiert. Ihr süßlich schmeckendes Fruchtfleisch lässt sich einfach von der Pflanze in den Mund verzehren, da nur sehr wenige Kerne ausgebildet werden. Im Spätsommer verzaubert uns die Aubergine mit ihren glänzenden dunkelvioletten Früchten, die sich auch hervorragend zum Grillen oder Einlegen eignen. Schlank und knackig erobern auch geschmackvolle Minigurken die Fensterbank. Und selbst der Anbau kompakter Zucchinisorten ist im Blumenkasten möglich. Auch ihre essbaren Blüten sind eine Delikatesse. Als Einsteigergemüse gilt die beliebte Balkontomate. Die angenehm süß schmeckenden Früchte laden ein zum Naschen.

Beim munteren Loskombinieren ist darauf zu achten, dass sich trotz kompakter Sorten die im Mai frisch gesetzten Pflänzchen zu imposanten Gewächsen entwickeln können. Besonders Gurke und Zucchini haben oftmals ein recht einnehmendes Wesen. Wenn Sie dennoch mehrere Fruchtgemüsearten in einen Kasten setzen, denken Sie daran, die Bepflanzung stets mit ausreichend Wasser und Dünger zu versorgen. Denn Tomate, Paprika & Co. gelten als besonders nährstoff- und wasserbedürftig.

ZUCCHINI-CHUTNEY

Probieren Sie mal ein leckeres Chutney mit Zucchini-, Zwiebel-, Apfel- und Birnenscheibchen, eingelegt in Apfelessig.

Wer Chilis entschärfen möchte, kratzt die weißen Innenwände der Schoten und die Kerne heraus.

ECHTE SCHARFMACHER

Die einen mögen's scharf, für die anderen grenzt bereits eine geringe Chilischärfe an Körperverletzung. Für Adrenalin-Junkies gehören scharfe Chilischoten in jede Soße, ob Currywurst oder Gulasch. Und nicht selten treffen sich besonders Wagemutige, um bei einem Schärfecontest an der Currywurstbude Grenzen auszureizen und Heldenstatus zu erlangen, zumindest für diesen Abend. Aber wo liegt der Reiz? Beim Genuss der scharfen Früchtchen melden unsere Nerven Schmerzreize ins Gehirn. Als Folge werden Endorphine ausgeschüttet, die auch ein bisschen glücklich machen.

Je schärfer die Schoten, umso mehr Capsaicin ist enthalten, vor allem in den Samen und Mittelrippen der Schoten.

Um die Schärfegrade klassifizieren zu können, gibt es eine weltweit einheitliche Schärfe-Skala, die sogenannte Scoville-Skala. Sortenabhängig wird's in der Skala nach oben hin so heftig, dass selbst hartgesottene Männer in die Knie gezwungen werden. Capsaicin-Extrakte werden übrigens auch in Wärmepflastern zur Durchblutungsförderung verwendet. Die scharfen Früchte brennen also nicht nur im Gaumen. Vermeiden Sie deshalb den Kontakt mit Ihren Augen und tragen Sie beim Ernten und Zubereiten der Chilis am besten Handschuhe.

> ### TIPP
> Etwas viel Chili in das Essen geflutscht: Wassertrinken hilft nicht. Besser binden kalte, fetthaltige Milch oder Joghurts die Scharfstoffe. Auch Weißbrot lindert merklich und lässt die Schärfe wieder etwas abklingen.

Beim Mahlen in einer Gewürz-mühle empfiehlt sich ein Atem-schutz, denn der feine, scharfe Chilistaub reizt auch die Mund- und Nasenschleimhaut.

GEWÜRZKRÄUTER

Ob pikant, herb oder würzig: Fri-sche Kräuter gehören zum Grillen wie Salat und Baguette dazu. Kurz vor dem Servieren auf das warme Fleisch gestreut, verfeinern sie das Grillgut zu einem besonderen Geschmackserlebnis. Allrounder wie Rosmarin, Thymian, Majoran,

Oregano oder Zwergcurry sind fast schon Pflicht und oftmals be-reits als Kräuter-Mix in einem Topf erhältlich.

Es gibt aber auch noch Geheim-tipps, wie beispielsweise die sehr scharfe, nach Meerrettich schme-ckende Wasabi-Rauke, Thai-Basilikum oder Knobi-Gras, das intensiv nach Knoblauch schmeckt. Ebenfalls noch wenig bekannt, aber bestimmt bald ein Renner: das Olivenkraut, mit dessen Blättern Sie Grillgemüse und Fleisch ein mediterranes Aroma verpassen.

1. Ein Muss für alle, die gerne scharf würzen: Pa-prika- und Chilipflanzen liefern feurige Früchte und sehen zudem noch gut aus.

2. Wasabi-Jungpflanzen aus der Bio-Gärtnerei.

EXOTISCHE GEWÜRZE

Die exotische Sommerküche bietet eine Vielzahl von Möglichkeiten, einfach, schnell und gesund zu kochen – und das auch mit eigenen Zutaten von der Fensterbank. Eben haben Sie sich Ihr saisontypisches Gemüse auf dem Wochenmarkt besorgt. Schon befindet sich alles fein zubereitet im Wok: Brokkoli in Röschen, Pilze in Scheiben, Karotten in Stiften, Knoblauch gehackt, Ingwer gerieben, und wer es gerne scharf mag, gibt noch zusätzlich eine kleingehackte Chilischote dazu. Die kommt natürlich von der eigenen Fensterbank, genauso wie die exotischen Kräuter.

Asiatische Würze

Als echtes Must-have für die asiatische Küche gilt Koriander *Coriandrum sativum.* Die Pflanze riecht zwar für uns Europäer etwas eigenartig, die Blätter oder Samenkörner verleihen aber dem Wok-Gericht eine raffinierte fernöstliche Würze. Zudem enthält Koriander ätherische Öle, die gegen Magen- und Darmbeschwerden helfen. Koriandergrün immer erst zum Schluss an ein Gericht geben, weil das Aroma beim Erhitzen der Blätter schnell verfliegt.
Echt zitronig wird's mit dem Zitronengras *Cymbopognon citratus.* Meist werden nur die untersten Teile der Halme fein geschnitten

KRÄUTERÖLE SELBSTGEMACHT

— Kräuterzweige von Thymian, Rosmarin oder Salbei abschneiden, waschen und trocknen.

— In eine hübsche Flasche mit weiter Öffnung stecken und mit Olivenöl übergießen, etwas Salz und Pfeffer dazu.

— Luftdicht verschließen, kühl und dunkel stellen und ein bis zwei Wochen durchziehen lassen, ab und an vorsichtig schwenken.

— Anschließend die Kräuterzweige entfernen, dann ist das Kräuteröl einsatzbereit.

Kräuter sind in ihrem Geschmack so unterschiedlich und vielseitig verwendbar.
Als Gemeinsamkeit lieben sie alle den sonnigen Platz auf der Fensterbank – ob innen oder außen.

zugegeben. Auch das duftende Zitronenkraut *Aloisia triphylla* oder der Zitronenthymian *Thymus citriodorus* bereichern mit ihrem herrlichen Zitronenaroma jedes asiatische Gericht. Weitere exotische Kräuter für die heimische Fensterbank: das leicht nach Anis schmeckende Thai-Basilikum *Ocimum basilicum* var. *thrysiflorum* sowie die Thai-Minze *Mentha species*, die sich mit ihrer angenehmen Frische ganz besonders für Wok-Gerichte eignet.

Mungobohnen

Die Sprossen der Mungobohnen machen das fernöstliche Kochgefühl perfekt. Ruckzuck auf der eigenen Indoor-Fensterbank angezogen (Seite 35), sind die Keimlinge schon ab dem dritten Tag bereit für die Ernte. Auch nach dem vierten Tag sind sie noch essbar, doch verfärben sie sich blasslila und verlieren ihre ursprüngliche Zartheit. Die Mungobohnen sind sehr ergiebig: Wenn Sie die Sprossen groß werden lassen, ergeben sie die fünf- bis siebenfache Menge im Verhältnis zu den verwendeten Samen.

ASIA-KRÄUTER-KASTEN

Kastenbeispiel: Koriander = grüner Kreis, Zitronengras = grauer Kreis, Thai-Basilikum = schwarzer Kreis, Thai-Minze = brauner Kreis

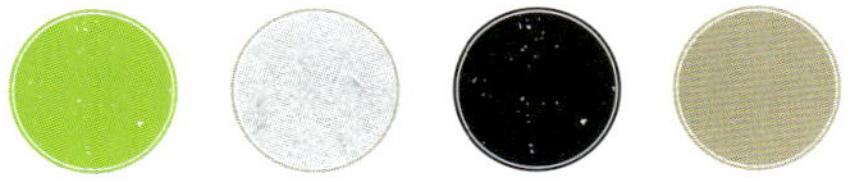

FRISCHE COCKTAIL-KRÄUTER

Ob fester Bestandteil oder nur ein bisschen Experimentierfreude: Die Beigabe von frischen aromatischen Kräutern verleiht Ihren Drinks das gewisse Etwas. Sie verfeinern den Geschmack und geben dem Cocktail als Deko den letzten Pfiff. Barmixer sprechen von einer gewissen „Tiefe" und einer besonderen Geschmacksnote, die ein Cocktail durch die Hinzugabe von frischen Kräutern erhält. Oft sind sie als wichtiger Baustein unentbehrlich. Denn ohne den typischen Spearmint-Minze-Geschmack von *Mentha piperita* ist ein Cocktail mit kubanischem Rum und einer halben Limette noch lange kein Mojito.

Mentha spicata mit seinem aromatischen Aroma verfeinert jeden „Hugo", so dass sie bereits als Hugo-Minze vermarktet wird. Nur aufgepasst bei der Zusammenstellung Ihres Kräuterkastens: Viele Minzesorten zeigen mit ihren Wurzelausläufern einen starken Expansionsdrang und gewinnen beinahe jeden Verdrängungswettbewerb. Eine Wurzelsperre würde Abhilfe schaffen, beispielsweise in Form eines flachen Brettchens, das Sie vom Boden aufsetzend bis zur Substratoberfläche zwischen die einzelnen Kräuter setzen.

Klassiker neu verfilmt

„Cuisine Style" nennt man in der Barszene die Kunst, Cocktails mit frischen Kräutern das gewisse Etwas zu verleihen. Der Gimlet beispielsweise – eigentlich ein schlichter Klassiker aus Gin und Limejuice – schmeckt durch frisches Basilikum so gut wie das gewohnte Getränk, aber spannender. Mit Salbei verfeinern Sie Pina Colada oder Martini, mit Thymian geben Sie Daiquiris eine besondere Note. Der Kreativität und Fantasie scheinen keine Grenzen gesetzt, Hauptsache es mundet. Die

COCKTAIL-KASTEN

Kastenbeispiel: Mojito-Minze = grüner Kreis, Ananassalbei = grauer Kreis, Zitronenmelisse = schwarzer Kreis, Hugo-Minze = brauner Kreis

100 % AROMA

— Cocktail-Kräuter sollten immer nur frisch verwendet werden, denn nur dann enthalten sie noch alle Aromastoffe.

— Damit Minze & Co. ihr Aroma vollständig preisgeben, werden die Kräuter mit einem Stößel zerstoßen. So brechen alle Pflanzenzellen auf, aus denen dann die ätherischen Öle entweichen.

— Aber aufgepasst, je weicher das Kraut, umso weniger stark sollte es bearbeitet werden.

1. Eiswürfelschälchen halb mit Wasser füllen und eine Stunde „anfrieren" lassen. Einzelne Zitronenmelisseblättchen frisch von der Fensterbank (links unten im Foto) dazu. Danach mit kohlesäurefreiem Wasser auffüllen und wieder einfrieren.

2. Schön und frisch im Glas.

Geschmacksintensität bestimmen Sie selbst: mit einem Kräuterzweig im Shaker und/oder im Cocktailglas bleibt der Geschmack meist noch dezent im Hintergrund. Zwei Kräuterzweige, nehmen wir den Rosmarin, können bereits sehr geschmacksintensiv wirken.

Mojito – das kubanische Nationalgetränk:

— Zwei Teelöffel Zucker in ein Cocktail-Glas geben.
— Den Saft einer halben Limette und zwei frische Minzezweige *(Mentha piperita)* hinzufügen.
— 100 ml Mineralwasser kommen dazu, anschließend die Minzeblätter mit einem Stößel zerstoßen.

— Abschließend 5 cl kubanischen Rum und vier Eiswürfel hinzugeben, umrühren, einen Strohhalm dazu und fertig ist der Mojito.

Limonadenpflanze

Ja, sie gibt es wirklich. Die Limonadenpflanze *Agastache mexicana* ist eine Kräuterpflanze mit einem erfrischenden Aromamix aus Lemon und Anis. Sowohl die Blätter als auch die dekorativen Blüten eignen sich ideal zur Herstellung einer frischen Limonade. Die Pflanze ist nicht zu 100 % winterhart. Daher vor dem ersten Frost von der Fensterbank in die Wohnung holen und an einem hellen Ort überwintern. Ab Mitte Mai darf die Kräuterpflanze wieder raus.

KRÄUTER FÜR DIE FENSTERBANK

KRÄUTERART	WANN? ──── KRÄUTERERNTE ──── WIE?	
BASILIKUM	ganzjährig vor der Blüte	junge, 5 cm lange Triebe
BOHNENKRAUT	ganzjährig vor oder während der Blüte	weiche Stängel komplett
BORRETSCH	in den Sommermonaten	Blätter, Blüten und junge Triebe
DILL	Frühjahr bis Spätsommer	Blätter, Blüten und Samen
KAMILLE	im Sommer	Blüten
KAPUZINERKRESSE	im Sommer	Blätter, Blütenknospen, Blüten
KORIANDER	Frühjahr bis Sommer (je nach Erntegut)	Blätter und Samen
LAVENDEL	während der gesamten Vegetationszeit	junge Blätter, Blüten
LIEBSTÖCKEL	Frühjahr bis Sommer (je nach Erntegut)	junge Blätter, reife Samen
MAJORAN	Frühjahr bis Sommer	junge Blätter und Triebe
ROSMARIN	ganzjährig	Blätter, junge Triebe und Blüten
SALBEI	ganzjährig	junge Blätter, krautige Triebspitzen
ZITRONENGRAS	Sommer bis Herbst	Blätter
ZITRONENMELISSE	Frühjahr bis Sommer	Blätter und junge Triebe
ZITRONENVERBENE	im Sommer	Blätter und Blüten

TEE- UND WELLNESSKRÄUTER

Kräuter verkörpern Unkompliziertheit und Natürlichkeit, versprechen Gesundheit und Wohlbefinden. Duft, Geschmack und Blüte sorgen für einen wahren Sinneszauber. Wer schon mal frische Blätter einer Grapefruitminze als Tee zubereitet hat, kennt den Unterschied zu gekauften Teebeuteln. Von Ananassalbei über Kamille bis Zitronenverbene – geeignete Kräuter für schmackhafte Früchtetees finden sich in einer so großen Vielfalt, dass man als Otto Normalteetrinker wahrscheinlich Jahre brauchen würde, um sie alle durchzuprobieren. Das Gute daran: Sie haben die Zeit, denn

Ananassalbei br ngt Farbe und Schwung in die Kräuterkombination.

SALAT-KRÄUTER-KASTEN

Kastenbeispiel: Salat 'Babyleaf' = grüner Kreis, Schnittlauch = grauer Kreis, Dill = schwarzer Kreis, Radieschen = brauner Kreis, Rucola = goldener Kreis

alle Arten lassen sich auf einer sonnigen Fensterbank anbauen. Sie schmecken und schmücken, wie beispielsweise die Aprikosenmelisse mit ihren leuchtend orangen Blüten. Oder der Fruchtsalbei *Salvia dorisiana,* der mit seinen großen frisch-hellgrünen Blättern in Kombination mit den rot-violetten Lippenblüten echt hübsch aussieht.

Badekräuter:

— **Zitronenthymian** verbreitet in Ihrem Badezimmer einen herrlichen frischen Zitronenduft und lässt Sie besonders in der nasskalten Jahreszeit tief durchatmen.

— Auch ein **Rosmarin-Kräuterbad** ist ein wunderbar erfrischendes und belebendes Badeerlebnis. Sein besonders hoher Gehalt an ätherischen Ölen sorgt für neuen Schwung und wirkt stimulierend auf Gehirn und die Lebensgeister.

— Der **Purpursalbei** gilt als wertvoller Badezusatz für ein ausgleichendes Entspannungsbad.

— Sie mögen es schokoladig? Dann ist die **Schokoladenminze** mit ihrem süßen Duft nach Schokolade genau das Richtige für Sie.

INDOOR-KRÄUTER

Kräuter auf der Indoor-Fensterbank verwandeln die Küche zum Duftgarten und sehen noch dazu hübsch aus. Zum Kochen sind die aromatischen Blättchen und Zweige sofort zur Hand. Auf natürliche Aromen müssen Sie auch in der kalten Jahreszeit nicht verzichten. Wird's draußen frostig, geht's indoor weiter: Basilikum, Schnittlauch und Petersilie sind die Klassiker.

Majoran, Oregano, Bohnenkraut, Liebstöckel oder der Zimmerknobi funktionieren auch, wenn eine wichtige Grundvoraussetzung gegeben ist: Licht! Entscheidend ist eine helle Fensterbank, denn bei Lichtmangel recken sich die Pflänzchen nach dem Licht, werden lang und dünn und ihr Aroma lässt dann deutlich zu wünschen übrig.

Pflegen

Neben ausreichend viel Licht ist eine gleichbleibende Wasserversorgung wichtig. Täglich leicht mit Wasser besprühen, dies wirkt der für Pflanzen wenig erfreulichen trockenen Heizungsluft entgegen. Auch können Sie die Kräuter ab und an mal drehen, damit die Pflanzen gleichmäßiger wachsen.

Wer passt noch:

— Pflücksalat, Rucola oder Radieschen wären auch ein Versuch wert, allerdings nicht im Winter.
— Kompakte Erdbeersorten wie 'Fontaine' oder 'Terralin' werden ebenfalls für eine Indoor-Nutzung angepriesen.
— Ist die Fensterbank sehr dunkel, probieren Sie doch mal eine Pilzzucht. Die ist bereits im praktischen Fertigpack erhältlich.

INDOOR-BASILIKUM

— Regional gute Qualität einkaufen: Wochenmarkt oder Hofladen auswählen.

— Basilikum braucht viel Licht: direkt ans Fenster stellen.

— Grauschimmelpilz vermeiden: Folientüte gleich entfernen.

— Täglich bedarfsgerecht gießen: etwa 10 % des Topfvolumens anpeilen.

— Weniger Konkurrenz um Wasser und Nährstoffe: Pflanzen vereinzeln.

— Ganze Triebe abkneifen, direkt über der Verzweigung: Basilikum treibt wieder durch.

— Robuster und länger vital, dafür aber etwas herber: Strauchbasilikum auswählen.

KEIMLINGSZUCHT

Die kleinen Keimlinge von Kresse, Erbsen oder Mungobohnen schmecken und sind gesund, ob auf Butterbrot oder pur. Schnell lassen sie sich im Indoor-Garten auf der Fensterbank kinderleicht selbst heranziehen.

1.
Legen Sie in ein flaches Gefäß oder auf einen Teller ein Stück Haushaltspapier.

2.
Gut anfeuchten und Kresse-samen darauf streuen.

3.
Gefäß auf die helle Fenster-bank stellen und die Samen gut feucht halten, am besten zwei- bis dreimal am Tag mit einer Sprühflasche besprühen.

4.
Die Samen keimen schon nach wenigen Tagen und können dann auch geerntet werden.

5.
Durch zeitlich versetztes Auslegen haben Sie jederzeit frische Sprossen zur Hand.

HÜLSENFRÜCHTE	GETREIDE	SONSTIGE
Erbsen	Gerste	Gartenkresse
Linsen	Hafer	Rettich
Luzerne	Hirse	Senf
Mungobohne	Mais	Sesam
Sojabohne	Roggen	Sonnenblumen

2 x tägl.

DO IT YOURSELF

My home

Wenn Makler die drei wichtigsten Kriterien für eine Immobilie beschreiben, heißt es oft übertrieben: Lage, Lage, Lage.

Also, ganz so dramatisch ist die Ausrichtung Ihrer Fensterbank nicht. Aber dennoch sollte die Pflanzenauswahl für den Minigarten auch auf den Standort der Fensterbank abgestimmt sein. Tomaten, Auberginen oder Paprika brauchen viel Licht für das Ausreifen ihrer Früchte. Sonnige Fensterbänke mit südlicher Ausrichtung sind hier ideal. Allerdings kann bei sehr starker Einstrahlung die hitzige Mittagssonne auch schnell zu einem begrenzenden Faktor werden, wenn sie zu Verbrennungen auf den Früchten führt. Zudem sind Gurken oder Zucchini besonders durstig im luftigen Sonnenbad. Mediterrane Kräuter lieben es richtig heiß und sonnig, das kurbelt ihre Produktion ätherischer Öle an. Mit ihren kleinen verdickten Blättern schützen sich Thymian, Salbei, Rosmarin & Co. geschickt vor übermäßiger Verdunstung und vertragen so auch mal eine leicht trockene Kehle. Wenn Ihre Fensterbank durch Ost- oder Westausrichtung einen Teil des Tages im Schatten liegt, lassen Sie sich nicht entmutigen. Fünf bis sieben Sonnenstunden reichen selbst für sonnenhungriges Fruchtgemüse oftmals schon aus. Blattgemüse wie Salate oder Mangold, aber auch die beerige Obstfraktion fühlen sich hier in sonnig bis halbschattiger Lage pudelwohl.

STANDORT

Bevor Sie shoppen gehen, sollten Sie die Standortfrage klären. Wenn Sie sich hier etwas unsicher fühlen, einen Kompass gibt's auch als App für Ihr Smartphone.

Hübsch anzuschauen, die kleinen Salatpflanzen in der Box und der apart wirkende Blutampfer mit seinen roten, „blutgefüllten" Blattadern. Sie lieben ihr Fensterbankplätzchen im lichten Schatten.

Für Westausrichtung mit windexponierter Lage gilt: standhafte Gefäße, kompakt wachsende Sorten mit kleineren Blättern und eine ausreichende Absturzsicherung wählen.

Liegt Ihre Fensterbank völlig abseits der Sonne – sei es durch Nordausrichtung, eine schattige Häuserschlucht oder einen großen Baum – wird's schon schwieriger: Versuchen Sie es mit Gemüsearten, die im Porträtteil für den Halbschatten empfohlen werden. Kapuzinerkresse überzeugt beispielsweise auch in dunklen Ecken mit zahlreichen leuchtenden Gourmetblüten.

GO SHOPPING

Vorgezogene Setzlinge von Gemüse, Beerenobst und Kräutern gibt

FÜR HALBSCHATTEN

— Asia-, Pflück- und Schnittsalate

— Rucola, Feldsalat, Spinat oder Blattmangold

— Kapuzinerkresse, Pimpinelle, Zitronenmelisse

— Walderdbeere und -heidelbeere, Cranberries

— Funkien, Buntnesseln oder Fuchsien

es im Frühling in jedem Baumarkt. Sie suchen aber das Besondere für Ihre Fensterbank, die klein bleibende Auberginensorte 'Baby Rosanna' F1 zum Beispiel, und außerdem sollten die Pflänzchen regional, nachhaltig und am besten auch ökologisch herangezogen worden sein. Schauen Sie sich um auf Wochenmärkten, Pflanzenbörsen oder in speziellen Kräuter- und Liebhabergärtnereien, da werden Sie eher fündig. Hier pulsiert das urbane Gärtnerherz: Grünes Wissen wird ausgetauscht und vielleicht sogar das ein oder andere Projekt gemeinsam

gestartet. Kommen Sie ins Gespräch mit leidenschaftlichen Pflanzenprofis. Besonders die Kräutergärtner sprudeln meist nur so vor Wissen und geben ihre Tipps gerne weiter. Auch urbane Gartensiedlungen wie die Prinzessinnengärten in Berlin sind hervorragende Kontaktbörsen, um Gleichgesinnte zu treffen und in einer ungezwungenen Gemeinschaft neue Kontakte zu knüpfen. Bestimmt finden Sie hier auch die besonderen Sortenraritäten, die Sie schon lange suchen. Und wenn nicht, als besonderes Happening dienen solche Meetings allemal.

Alle Pflanzutensilien beisammen in einer Holzkiste.

KAUF-CHECKLISTE PFLANZEN

— Die Erde sollte nicht zu trocken oder zu nass sein,

— kräftige, kompakte Pflanzen wählen,

— besonders Kräuter sollten mehrere Triebe haben,

— auf gut verzweigte, weiße Wurzeln achten,

— nur gesunde Pflanzen kaufen.

FÜR DAS AUGE

Auf dem Markt warten nicht nur Gemüse- oder Kräuterjungpflanzen auf Sie, sondern auch blühende Schmuckstauden.

1

2

SELBER SÄEN

Indoor auf der Fensterbank geht's los. Das Saatgut Ihrer Wahl besorgen Sie sich auf Pflanzenmärkten oder im Fachhandel. Und denken Sie besonders beim Fruchtgemüse an kompakte Sorten, die allerdings oftmals nur als F1-Hybriden erhältlich sind. Der Platz am Fenster sollte hell sein, denn zu wenig Sonne führt zu Geilwuchs, wenn die Keimlinge sich zu sehr dem Licht entgegenstrecken müssen. Warme Temperaturen um die 20 °C sind zur Keimung und weiterer Anzucht ideal. Deshalb eignen sich Fensterbänke, unter denen sich ein Heizkörper befindet, besonders gut.
Kalte Steinfensterbänke können mit einer Styropor- oder Holzplatte isoliert werden.

Als Anzuchtgefäß verwenden Sie gereinigte Joghurt-, Margarine- oder Eisschälchen. Oder Sie besorgen sich ein kleines Minigewächshaus, das in seiner Hightech-Variante sogar mit einer Bodenheizung ausgestattet ist. Ausgesät wird in eine feine Anzuchterde mit geringem Nährstoffgehalt. Viele Gemüsearten, die nicht allzu viel Platz und Keimwärme benötigen, säen Sie entweder in Reihe oder breitwürfig direkt in den Kasten – Radieschen zum Beispiel oder die ganze Salatfraktion. Mit Saatbändern oder -scheiben geht's besonders leicht, denn hier ist der notwendige Abstand bereits vorgegeben.

Aussaat – how to do

Selber aussäen und vorziehen schafft eine besondere Bezie-

TIPP

F1-Hybriden sind Sorten, die aus der Kreuzung von zwei bestimmten Elternlinien nachgezogen werden und besonders viele von deren positiven Eigenschaften in sich vereinen. Sie sind einheitlich, kaum anfällig bei ungünstigen Witterungseinflüssen und bieten einen guten Kulturerfolg. Übrigens: Hybridsamen haben nichts mit Gentechnik zu tun.

3

4

hung zur Pflanzenwelt und ist mega spannend: Wann werden wohl die Keimlinge ihre Köpfe aus der Erde strecken?

1. Die Erde gut andrücken und anschließend mit einem Wasserzerstäuber anfeuchten.

2. Feine Samen breitwürfig und nicht zu dicht mit leicht schüttelnden Bewegungen aussäen. Größere Samenkörner können Sie gleichmäßig mit zwei Fingern auslegen.

3. Tomaten oder Paprika als typische Vertreter der Dunkelkeimer mögen es dunkel. Sie sind in der Stärke der Samenkörner mit Anzuchterde zu übersieben. Lichtkeimer wie Basilikum oder Zitronenmelisse werden nicht mit Erde bedeckt, sondern lediglich vorsichtig angedrückt. Sie benötigen das Tageslicht zum Keimen. Für das anschlie-

ßende Angießen der frischen Aussaat – am besten in einer größeren Wanne oder im Freien – verwenden Sie eine kleine, handliche Gießkanne mit einer feinen Brause.

4. Jetzt spannen Sie noch eine Klarsichtfolie über die Aussaatgefäße. So lässt sich die Verdunstung reduzieren. Nehmen Sie in den nächsten Tagen hin und wieder die Folie kurz ab, um für einen Luftaustausch zu sorgen und das Substrat gleichmäßig mit einem Wasserzerstäuber feucht zu halten.

Nach erfolgter Keimung entwickeln sich die Sämlinge täglich weiter und bilden die ersten Laubblätter aus. Wird es den Pflänzchen zu eng, konkurrieren sie um Licht, Wasser und Nährstoffe. Es

wird Zeit, sie in größere Töpfe mit frischer Aussaat- oder Pikiererde zu vereinzeln. Das sogenannte Pikieren verschafft ihnen mehr Platz und regt das Wurzelwachstum an. Anschließend kommen die frisch pikierten Pflanzen wieder auf die helle Fensterbank zurück. Auch jetzt brauchen die Pflanzen noch ausreichend Wärme, besonders

1. Substrat in das Gefäß und andrücken.

2. Aussäen und andrücken.

3. Mit gesiebter Erde abdecken.

4. Folie als Verdunstungsschutz.

Und täglich ein Schluck Wasser – wie die eigene Anzucht und Pflege frisch pikierter Pflänzchen auch Ihre Stadtkinder in den Bann zieht.

AUSSAATKALENDER

GEMÜSE	AUSSAATTERMIN	ERNTEZEIT
PAPRIKA	Januar bis März	August bis Oktober
AUBERGINE	Februar bis April	August bis September
GURKE	März bis April	Juli bis September
MANGOLD	März bis April	Juli bis November
TOMATE	März bis April	Juli bis Oktober
ZUCCHINI	März bis April	Juli bis Oktober

zum Einwurzeln. Direkte Sonneneinstrahlung ist zu vermeiden. Die Erde halten Sie ausreichend feucht und geben ab ca. zwei Wochen niedrig konzentriert einmal pro Woche einen Flüssigdünger hinzu. Die Pflanzen werden es Ihnen mit fühlbarem Wachstum danken. Ab Mai geht es dann in Töpfen oder Blumenkästen direkt nach draußen auf die Fensterbank.

EQUIPMENT & CO.

Viele Utensilien sind es nicht, die für das Gärtnern auf der Fensterbank als Grundausrüstung benötigt werden. Neben Gefäßen, Erde und Dünger sind diese Hilfsmittel sinnvoll.

1.

Gartenhandschuhe sollten unbedingt eng anliegen, damit auch feine Handgriffe machbar sind, wie beispielsweise ernten oder pflegen.

2.

Handschaufeln stellen eine gute Hilfe zum Befüllen oder Bepflanzen der Gefäße dar. Sie sind in verschiedenen Größen aus Stahl oder Edelstahl geschmiedet. Ein schöner Holzgriff wirkt edel und liegt gut in der Hand.

Achten Sie beim Gerätekauf
auf gute Qualität, dann macht's
Gärtnern viel mehr Spaß!

3.

Gartenscheren sind unentbehrlich für Rückschnitt, Pflege oder Ernte. Wählen Sie deshalb gewissenhaft aus: gut in der Hand liegend, scharf, für Rechts- oder Linkshänder. Zum Abschneiden von verwelkten Blättern oder Trieben eignet sich ein scharfes Küchenmesser.

4.

Gießkannen sollten handlich und mit abnehmbarer Brause für feine Aussaaten sein. In den verschiedensten Farben und Materialausführungen wie Kunststoff, Blech oder Keramik erhältlich.

DIE ERDE ALS URSPRUNG

„Biogärtnern fängt schon bei der erste Schaufel Erde an." Eine hochwertige Pflanzerde ist die Grundlage für gutes Wachstum. Strukturstabil sollte sie sein und ein hohes Luft- und Wasserspeichervermögen haben. Diese Eigenschaften besitzt Torf, der oft die Grundlage für Blumenerden bildet. Wer verantwortungsvoll gärtnern und aktiv auf Torf verzichten möchte, besorgt sich gezielt eine torfarme oder torffreie Erde. Die lässt sich mittlerweile sogar saisonal im Discounter oder Baumarkt um die Ecke finden.

Die Verringerung des Torfanteils erfolgt vorwiegend durch Verwendung von Grünschnittkomposten, Holzfasern, Rindenhumus oder Kokosmehl. Diese Erden funktionieren gut, haben allerdings oft die Eigenschaft, etwas weniger Wasser zu speichern als reine Torfsubstrate.

Denken Sie daher besonders in den einstrahlungsreichen Sommermonaten an eine ausreichende Wasserversorgung. Echte Bio-Erden sind übrigens neben dem Torfersatz nur mit organischen Düngern bevorratet und somit frei von synthetisch hergestellten Stickstoffdüngern. Während Kräutererden recht moderat aufgedüngt sind, steckt in Tomaten- und Gemüseerden schon ordentlich Futter für die ersten vier bis sechs Wochen.

How to do – so wird gepflanzt:

— **Wasserabzugslöcher** im Gefäßboden mit Tonscherben abdecken und mit einer Drainageschicht für guten Wasserabfluss sorgen, damit keine Staunässe entsteht.

— **Gefäß** mit Schaufel oder Händen bis zur Hälfte mit Bio-Erde füllen, anschließend die Pflanzen einsetzen.

— **Die Wurzelballen** rundherum mit Erde auffüllen, gut andrücken und dabei auf einen Gießrand von 2 bis 3 cm achten.

— **Gründlich angießen,** am besten in einer Wanne oder im Freien.

TIPP

Rechnen Sie sich vorher aus, wie viel Erde Sie benötigen. Das erspart die Frage nach „Wohin mit dem Rest?" und reduziert die mühsame Schlepperei in höhere Stockwerke. Kleine Substratbeutel mit bequemem Tragegriff gibt es schon ab 10 oder 20 Liter.

Haben Sie Zugang zu einem Hinterhof? Hier können Sie Pflanzarbeiten besonders gut durchführen.

Aussaat- oder Pikiererden sind strukturfein und nur niedrig aufge-düngt. Besonders wichtig ist eine gute Wasserhalte-fähigkeit, deswegen scheint ein gewisser Torfanteil meist unausweichlich.

GESCHMACKSACHE

Eine farblich harmonische Verbindung erhalten Sie, wenn sich die Farbe des Pflanzgefäßes in den Blüten und Früchten der Bepflanzung wiederfindet.

KÄSTEN, TÖPFE, SÄCKE

Gefäße nehmen als Halt gebende Wohnräume für Ihre Pflanzen die zentrale Rolle auf der Fensterbank ein. Ein angemessenes Volumen für Substrate sollten sie bieten, nicht zu wuchtig sein, dafür aber lichtundurchlässig und bodenständig.

Breite und flache Gefäße mit stabiler Bodenlage bieten besonders in windiger Westlage eine gute Standsicherheit. Schick, aber ziemlich leicht sind zum Beispiel länglich geformte Gefäße aus rostfreiem Zink oder Korbgeflecht. Zur Verbesserung ihrer Standfestigkeit könnten Sie hier als Drainage Kies verwenden anstelle des deutlich leichteren Blähtons.

Zum Thema Abzugslöcher: Generell und besonders bei Fensterbänken, die dem Regen ausgesetzt sind, sollte der Wasserabfluss im Gefäß gesichert sein. Ansonsten gibt's Staunässe, die Wurzeln beginnen zu faulen. Denken Sie dann aber auch an geeignete Untersetzer, damit das überschüssige Gießwasser nicht unkontrolliert die Hauswand herunterläuft. Oder Sie legen Wasserspeichermatten unter die Gefäße, die saugen zuverlässig das Restwasser auf. Wenn man auf Abzugslöcher verzichtet, dann erfordert das Gießen viel Fingerspitzengefühl. Das heißt: Nicht willkürlich gießen, sondern erst überprüfen, ob wirklich Wasserbedarf besteht.

Urban-Klassiker

Oft sind bei Urban Gardeners alte Weinkisten oder der Obstspankorb als Gefäße sehr beliebt. Rustikal und naturbelassen, so könnte der Minigarten auf der Fensterbank aussehen. Wichtig: Die Innenseite der Seitenwände ist mit Folie auszuschlagen und mit einer großzügigen Drainage zu versehen.

Auch mit einer Vielzahl von haushaltsüblichen Gefäßen lässt sich fantasievoll neuer Wohnraum

Die Gefäße können sich im Stil und Material doch sehr unterscheiden und somit auch in ihren Vorzügen und Nachteilen.

für Ihre Pflanzen schaffen. Im Prinzip eignen sich alle aussortierten Utensilien im Haushalt, die mit Erde befüllbar sind. Ob Joghurt- oder Eisbecher zur Anzucht, alte ausrangierte Töpfe, Schalen, selbst Handtaschen, sie alle können nach ihrer Karriere noch einmal neu als Pflanzengefäß durchstarten.

Alte Töpfe mit ganz viel Charme auf einer Fensterbank im Erdgeschoss.

Edel im Design

Es darf aber auch sehr viel hübscher sein. Ob Sie nun dezente Pastelltöne, knalliges Rosa oder die aktuelle Modefarbe bevorzugen: Blumenkästen aus Kunststoff gibt es in allen Farben und Formaten. Zu dunkel sollten sie nicht sein. Denn in der Sonne aufgeheizt, könnten die Wurzeln Schaden nehmen. Kunststoff als Material hat die Vorteile, dass es witterungsbeständig, bruchsicher sowie leicht zu transportieren ist. Als Drainage geben Sie am besten etwas Kies hinzu, um die Standfestigkeit zu verbessern.

Südliches Flair

Blumenkästen oder Töpfe aus Terrakotta versprühen mediterranes Flair und geben durch ihr Gewicht auch etwas größeren Pflanzen eine gute Standfestigkeit. Stilvoll mit Kräutern bepflanzt, sind sie immer ein echter Blickfang. Das Material atmet, weshalb das Substrat zu rascherem Austrocknen neigt. Günstige Terrakotta-Töpfe sind oft maschinell gefertigt, grobporiger und selten frostfrei. Handgefertigte Ware nimmt weniger Wasser auf und ist somit winterfest.

Growbags

Für eine praktische Direktbepflanzung in den Erdsack eignen sich sogenannte Plant- oder Growbags. Einfach kreuzförmig einschneiden, Pflanzen reinsetzen, fertig. Bewässert wird über die Pflanzschlitze. Denken Sie daran, auch auf der Unterseite kleine Schlitze als Wasserabzugslöcher einzuschneiden und den Sack an der vorgesehenen Stelle auf zwei bis drei Kanthölzer in einen passenden Untersetzer zu legen. An vollsonnigen Standorten verblassen die Pflanzsäcke allerdings sehr schnell.

1. Das Teedöschen mit Erde füllen,

2. die vorgezogenen Salatpflänzchen eintopfen,

3. neuer Wohnraum ist geschaffen, das Wachstum beginnt.

Mit Übertöpfen an der Kette können Sie auch die Höhe des Fensters nutzen, aber nur im Erdgeschoss.

derer Vorteil, den übrigens alle hier vorgestellten Befestigungsmethoden haben: Zur Montage muss die Hauswand nicht angebohrt werden. Genauso einfach und zudem mit Tüftelspaßgarantie für Urban Gardeners ist nach Marke Eigenbau die Verwendung von Schraubzwingen. Sie eignen sich aber nur für längliche Blumenkästen, kleinere Schalen oder Töpfe würden durchrutschen. Die Fensterbank sollte auch stabil genug sein, damit keine Abdrücke entstehen. Vor ihrem Einsatz könnten Sie die Schraubzwingen noch etwas aufhübschen, indem Sie ihnen noch einen reizenden Anstrich verpassen. Oder Sie umwickeln die Halter mit Jute, das macht sie gleich viel natürlicher. Wenn die Schraubzwingen angebracht sind und der Kasten steht, führen Sie am besten noch einen Rutsch- und Sturmtest durch.

Stilvoll und sicher

Von Profihand (mit Bezugsadressen im Serviceteil) erhalten Sie Systeme, die als Halterung für Blumenkästen verschiedener Größen und Materialien angeboten werden. Die Montage ist meist recht unproblematisch.
Beim Vario-Fix® wird eine ausdrehbare Stange in Vier-

SAFETY FIRST – SICHERE HALTERUNG

Mit der verwendeten Kastenhalterung steht oder fällt alles, im wahrsten Sinne des Wortes. Sie sollte die Pflanzbehälter dauerhaft vor dem Absturz bewahren und wenn es auch noch so stürmt.

Marke Eigenbau

Eine einfache und auch kostengünstige Variante bietet eine für den Außenbereich geeignete Teleskopstange, die sich in Höhe der Pflanzbehälter in die Fensterleibung klemmen lässt und diesen am Abrutschen nach vorne hindert. Beson-

Passt wie angegossen: Hier ist die Halterung schon fest an der Hauswand montiert.

kantprofil mit zwei verstellbaren Blumenkastenhaltebügeln kombiniert. Die Verspannung der Konstruktion erfolgt ohne notwendiges Bohren in den Putz durch einfaches Festdrehen der Muttern in Richtung des Vierkants. Auch mehrere Blumenkästen aneinander gereiht sind möglich, wenn die Anzahl der Haltebügel entsprechend erhöht wird. Die Kästen lassen sich einfach einsetzen und wieder entnehmen, falls empfindliche Pflanzen während kühler Nächte nach innen gestellt werden müssen. Ebenfalls erhältlich sind Blumenkastenhalter mit einer oder zwei Mittelstangen aus

Edelstahl. Sie werden vorne an der Fensterbankkante festgeklemmt. Damit auf Aluminiumfensterbänken keine Abdrücke entstehen, sind die Klemmen gepolstert. Das Design wirkt edel und stilsicher, hat natürlich aber auch seinen Preis.

Und selbst wenn die Fensterbank zu schmal erscheint, bietet der Handel eine Lösung: Ein Halterungssystem, mit dessen Hilfe sich die Blumenkästen raffiniert vor die Fensterbank spannen lassen. Sieht erst mal ungewöhnlich aus, hat aber einen großen Vorteil: Die Pflanzen kommen sich nicht mit dem Rollo ins Gehege.

„HERB"

Die komfortable Komplettlösung, wenn Sie sich auf drei bis vier Kräuterpflanzen beschränken. Das Kastensystem „Herb" sieht hübsch aus und ist kinderleicht mit einer integrierten Teleskopstange in der Fensterleibung zu verspannen.

1

2

GIESS MICH!

Die Fensterbank liegt durch den Dachvorsprung oft regengeschützt. Vorteil: Bei Starkregen werden Ihre Pflanzen nicht ertrinken. Nachteil: Weil hier gar kein Wasser hinkommt, müssen Sie selber regelmäßig gießen!

Es gibt keine allgemeingültige Regel zur Gießhäufigkeit, denn der Wasserbedarf ist pflanzenindividuell und abhängig vom Standort, von der Gefäßgröße oder der Pflanzerde.

Ein kurzzeitiges Abtrocknen des Substrates schadet nicht, ganz im Gegenteil, es regt sogar die Bildung neuer Wurzeln an. Bevor aber der Erdballen ganz austrocknet und sich die Erde vom Gefäßrand ablöst oder Ihre Pflanzen bereits Welkeerscheinungen zeigen, wird es höchste Zeit. Gießen Sie am besten mit aufgefangenem Regenwasser, dabei den Erdballen stets durchdringend, und variieren Sie die Gießstellen. So vermeiden Sie, dass sich im Substrat Rinnen bilden, durch die das Wasser läuft und

sich nicht in der Erde verteilt. Für eine halbe Stunde darf auch mal etwas Wasser im Untersetzer stehen. Danach sollten Sie überschüssiges Wasser auskippen. Staunässe ist zu vermeiden, denn sonst faulen die Wurzeln.

Achten Sie darauf, dass Sie nicht über die Blätter gießen. Denn das erhöht vor allem abends den Befallsdruck vieler Pilzkrankheiten, deren Sporen sich über den Nässefilm auf den Blättern fortbewegen. Bei starker Sonneneinstrahlung sollten Sie benetzte Blätter ebenfalls vermeiden, obwohl diese schnell auch wieder abtrocknen würden. Ein kurzer Moment reicht aus, in dem die Wassertropfen auf dem Blatt wie Brenngläser wirken.

Substratfeuchte prüfen

Den Feuchtigkeitszustand des Substrates können Sie optisch erkennen, denn feuchte Erde ist dunkler als im trockenen Zustand, mit den Fingern erfühlen oder aber auch durch

3

Anheben kleinerer Gefäße recht gut erfassen. Eine weitere Möglichkeit besteht darin, einen hölzernen Schaschlikspieß vorsichtig bis zum Gefäßboden in die Erde zu stecken und wieder herauszuziehen – wie beim Kuchenbacken. Da feuchte Erde sichtbar am Holzstab haften bleibt, zeigt Ihnen anschließend der Holzspieß an, ob zu gießen ist oder nicht.

Bewässerungshilfen:
— Individuell zugeschnittene Wasserspeichermatten, die, auf den Boden der Gefäße gelegt, ein Vielfaches ihres Eigengewichts an Wasser aufnehmen und es wieder nach und nach an die Pflanzen abgeben.
— Wasserspeicherkästen besitzen einen doppelten Boden mit Überlauflöchern. Der untere Teil stellt einen Wassertank dar, aus dem sich die Pflanzen über einige Zeit bedienen können. Der Speicher fasst je nach Länge des Blumenkastens sechs bis acht Liter.

— Bewässerungskugeln oder PET-Flaschen, mit Wasser kopfüber in die Erde gesteckt, geben nach und nach das Wasser ab. Bewässerungskugeln werden auch mit einstellbarer Tropfgeschwindigkeit angeboten. Für Kunststoffflaschen gibt es Aufsätze, durch deren Tonkegel das Wasser dann langsam in das Pflanzsubstrat läuft.

1. Denken Sie an einen Gießplan. Dann klappt's auch mit dem lieben Nachbarn, der für Sie als Pflanzensitter während Ihrer Abwesenheit einspringt.

2. Der beste Zeitpunkt zum Gießen ist entweder morgens oder in den frühen Abendstunden, da das Wasser dann nicht so schnell verdunstet.

3. Lieber mal vorwarnen, nicht dass sich Ihr Pflanzensitter die Zunge verbrennt.

NULL BOCK AUF GIESSEN?

Für Gießmuffel sind dickfleischige Sukkulenten wie Hauswurz oder Fetthenne eine gute Lösung, wenn die Fensterbank ohne viel Pflegeaufwand aufgehübscht werden soll. Ohne Starallüren kommen sie selbst im heißesten Sommer in praller Sonne fast ohne Wasser aus, da ihre starken Blattwände kaum Wasser verdunsten. Zudem legen sie in ihren dicken Blättern Wasservorräte an, die sie bei Trockenheit bequem anzapfen können.

1.

Wetterfühlig: Das Portulakröschen *(Portulaca grandiflora)* bringt von Mai bis August mit kräftigem Rot, Pink, Gelb, Orange oder Weiß richtig Schwung auf die Fensterbank – allerdings nur bei Sonnenschein.

2.

Die letzte Tat: Der Hauswurz *(Sempervivum tectorum)* zeigt im Alter verästelte Trugdolden mit sternförmigen Blüten in Purpurrot, Rosa, Gelb oder Weiß. Völlig ausgepowert stirbt die Rosette nach der Blüte ab, hat vorher aber bereits für zahlreiche Kindel gesorgt.

3.

Das Feierbiest: Die Scharfe Fetthenne *(Sedum acre)* blüht sternförmig in leuchtendem Gelb. *Sedum pachyphyllum,* ein Verwandter, wird wegen seiner kräftig rot gefärbten Spitze der dickfleischigen Blätter auch liebevoll als „Schnapsnase" bezeichnet.

4.

So zart: Das Porzellanblümchen *(Saxifraga umbrosa)* frohlockt von Juni bis August mit zarten weißen bis weißlich rosa Blüten auf Stielen. Kaum eine Biene oder ein Schmetterling kann ihrer Schönheit widerstehen.

BIO-DÜNGER

Sie wollen Ihre Naschpflanzen, Salate und Kräuter biologisch großziehen, also sind organische Bio-Dünger erste Wahl. Sie wirken nicht sofort, sondern müssen erst durch Mikroorganismen pflanzenverfügbar gemacht werden. Das klappt auch im Kasten gut, wenn Sie eine Erde verwenden, die Kompost oder andere belebte Ausgangsstoffe enthält. Neben den wertvollen Mikroorganismen liefert Kompost im Substrat übrigens auch Nährstoffe wie Phosphor, Kali oder Spurenelemente.

Clever düngen, schon gleich beim Einpflanzen, hält Ihre Pflanzen topfit und sorgt für eine reiche Ernte. Hornspäne als reine Stickstoffquelle lassen sich gut in die Erde einmischen, sie stammen aber meist aus Übersee. Es geht auch regionaler: Schafswolle zum Beispiel! In Pellets mit anderen organischen Düngern verpresst, bietet sie als Dünger-Leckerli eine besondere Langzeitwirkung und speichert zudem noch Wasser. Mischen Sie den Schafswolldünger mit etwa 7 g/l Erde als Bevorratung direkt beim Befüllen der Gefäße mit Erde hinzu. Das reicht für die ganze Saison und versorgt Ihre Pflanzen nachhaltig.

Und für alle Veganer: Völlig ohne tierische Rohstoffe geht's mit im Handel erhältlichen Veggie-Düngern, rein pflanzlich, aber meist mit etwas geringeren Stickstoffgehalten. Da tut ein weiteres Aufstreuen und leichtes Einarbeiten des Veggie-Düngers ab Juli sicher gut.

Extrahappen für den Vielfraß – der Trick mit dem Düngerstick, ab in die Erde damit!

Flüssig nachdüngen

Ohne zusätzliche Bevorratung haben Tomaten, Paprika oder Gurken spätestens nach vier bis sechs Wochen die Nährstoffe des Substrates verbraucht. Die Folge: Es stockt das Wachstum, die Blätter werden hell. Dann einfach einmal wöchentlich einen organischen Flüssigdünger, nach Herstellerangaben meist einprozentig, ins Gießwasser mischen (10 ml pro 1 Liter Wasser). Ein Untersetzer verhindert die mögliche Verschmutzung der Fassade, falls die bräunliche Düngelösung aus den Abzugslöchern herausläuft. Vorsicht bei Blumenkästen mit Wasserspeicher: Organische Flüssigdünger im Bodenreservoir gären bereits nach kurzer Zeit. Unangenehme Gerüche sind die Folge oder um noch deutlicher zu werden: Es stinkt!

So einfach geht's:

— Gießkanne mit Wasser füllen,
— den Flüssigdünger nach den Dosierungshinweisen auf der Verpackung hinzugeben und gut umrühren,
— anschließend vorsichtig die Düngerlösung ausbringen.

1. Machen Sie es sich auch zur Gewohnheit, bei der Pflanzenpflege auf Schädlinge und Krankheiten zu achten. Blattläuse sitzen übrigens oftmals gerne ganz versteckt auf der Blattunterseite.

2. Früchte mit weichen Stielen lassen sich gut mit einer Haushaltsschere ernten.

PFLEGEN

Allgemeine Pflegearbeiten wie Gießen, Düngen oder auch Ausputzen gehören zum regelmäßigen Umsorgen Ihrer Naschpflanzen dazu. Gelbe oder welke Blätter sind zu entfernen, und auch kranke Früchte haben im Naschgarten nichts zu suchen. Oftmals sind sie der Ausgangspunkt für Pilzkrankheiten. Für einen sauberen Schnitt verwenden Sie eine Gartenschere oder ein scharfes Messer. Stärker wachsende Kräuterarten können Sie zurückschneiden, wenn Ihnen ihr Ausbreitungsdrang zu mächtig erscheint. Viele Minzesorten sind dafür bekannt, ihre Artgenossen gerne mal an die Gefäßwand zu drücken. Widerstandsfähige und kleinwüchsige Sorten reduzieren die Putzarbeit enorm (siehe Porträts ab Seite 64). Und außerdem würden Riesenpflanzen auch den Blick nach draußen versperren. Bei Gemüsearten mit schwerem Fruchtbehang wie Paprika, Tomate oder Aubergine erscheint es trotz ihrer Kompaktheit sinnvoll, sie rechtzeitig mit kleinen stabilen Holzstäben zu stützen.

Wenn es auf Ihrer Fensterbank recht windstill ist und sich auch sonst nur wenige Insekten an Ihren Pflanzen tummeln, lässt oft die Befruchtung von Tomate oder Paprika zu wünschen übrig. Sie fördern den Fruchtansatz, indem Sie ab und an die Pflanzen leicht rütteln. Der Profi-Gärtner spricht hier vom „Trillern". Oder aber Sie kombinieren die Bepflanzung mit Blumen- oder Kräuterarten, die Bienen oder Hummeln anlocken, wie beispielsweise mit einem hübschen Lavendel.

ERNTEN

Obst- und Gemüsefrüchte entfalten ihren vollen aromatischen Geschmack erst, wenn sie lange an der Pflanze reifen dürfen. Verpassen Sie aber nicht den richtigen Erntezeitpunkt, denn viele Früchte werden weich und faulig, wenn sie zu lange an der Pflanze bleiben. Erdbeeren sind ein Paradebeispiel für ein Erntefenster von nur wenigen Tagen. Zudem gibt es auch einige Arten, bei denen sich ein frühes Entfernen einzelner Früchte empfiehlt. Die ersten Paprikafrüchte beispielsweise können grün geerntet werden. Die Pflanzen legen dann an Masse zu und setzen noch mehr Früchte an. Auch sind etwa Zucchini klein und knackig geerntet oft besser im Geschmack als die großen Kawenzmänner, für die sowieso kein Platz auf der Fensterbank sein wird.

Kräuterernte

Wenn Sie möglichst lange die Blätter von Basilikum & Co. ernten wollen, sollten Sie diese nicht zur Blüte kommen lassen. Zwar sind oftmals auch die Kräuterblüten genießbar und für Nasch-Gourmets ein besonderer Genuss. Doch hört Basilikum auf zu wachsen und neue Blätter zu bilden, wenn es sich erst einmal auf Blütenbildung eingestellt hat. Das beste Aroma haben Kräuter kurz vor ihrer Blütezeit und nach einigen Sonnentagen. Geerntet werden am besten ganze Triebspitzen anstelle einzelner Blätter.

Knipsen Sie hier einen etwa 5 cm langen Trieb direkt über dem Blattknoten ab. Dann treibt die Pflanze an dieser Stelle noch einmal durch.

GESUNDE PFLANZEN

Schon mit ein paar kleinen Handgriffen agieren Sie als Pflanzendoktor, wenn sich ungebetene Gäste wie Blattläuse oder Mehltaupilze in Ihrem Fensterbankgarten ausbreiten wollen.

Krankes entfernen

Wehret den Anfängen! Ein geschultes Auge erkennt pilzliche Krankheiten frühzeitig: Wenn Blätter, Triebe oder Früchte weich und/oder braun werden, möglicherweise leicht überzogen von einem grauen (Grauschimmelpilz) oder weißen Pilzmycel (Echter Mehltau), dann weg damit. Oder Sie entdecken eine frische Blattlauskolonie, ganz versteckt auf der Blattunterseite einer Kapuzinerkresse. Streifen Sie die Blattläuse entweder ab oder aber Sie entfernen das Blatt oder den gesamten Trieb.

Gelbe Karte

Viele Schädlinge wie Weiße Fliegen, Trauermücken, Minierfliegen oder geflügelte Blattläuse reagieren auf Gelbtafeln, fliegen sie an und bleiben auf dem giftfreien Spezialleim haften. Ein effektiver Abfangjäger also, den Sie aber nur bei tatsächlichem Schädlingsbefall einsetzen sollten. Denn die Tafeln locken auch nützliche oder harmlose Insekten an.

Pflanzen stärken

Besonders anfällige Pflanzenarten werden Jahr für Jahr immer wieder von den gleichen Schädlingen oder Pilzkrankheiten befallen. Die Gurken oder Zucchinis müssen sich beispielsweise je nach Sortenanfälligkeit und Witterung ständig mit Mehltaupilzen herumschlagen. Wöchentliche Spritzungen mit im Handel erhältlichen

Mit Gelbtafeln fangen Sie auch lästige Trauermücken ab, die durch die Umsetzung organischer Dünger angelockt werden.

Wenn Sie Pflanzen behandeln müssen, empfiehlt es sich, den ganzen Kasten von der Fensterbank zu nehmen. Mit mehr Platz geht es wesentlich leichter und Sie hinterlassen auch keine Flecken an der Hauswand.

natürlichen Pflanzenextrakten auf Basis von Rainfarn oder Schachtelhalm können helfen, die Zellwände zu stärken und die Pflanzen gesund zu erhalten.

Flinke Räuber

Nützlinge vertilgen Schädlinge, so ist das in der Natur. Ein gefräßiger Allrounder sorgt hier besonders für Furore: Die Florfliegenlarve *Chrysoperla carnea* frisst und frisst und frisst, einfach alles was ihr in die Quere kommt, wie beispielsweise Blattläuse, Spinnmilben oder Thripse. Bestellen können Sie die Nützlinge im Fachgartencenter oder Internet.

Natürliche Pflanzenschutzmittel

Alle Erste-Hilfe-Maßnahmen haben keine Verbesserung gebracht? Dann könnten Sie noch auf Pflanzenschutzmittel zurückgreifen mit Wirkstoffen natürlicher Herkunft, wie beispielsweise Kaliseife gegen Blattläuse oder Lecithin gegen Echten Mehltau. Sie hinterlassen keine Rückstände und sind für Mensch, Tier und Umwelt einschließlich Bienen und anderer Nützlinge weitestgehend unbedenklich. Der Vorteil der Naturstoffe liegt in ihrem raschen Abbau, weshalb sie auch im ökologischen Landbau zugelassen sind. Setzen Sie aber bitte auch diese Mittel nur sparsam und gezielt ein!

INDOOR

Wenn es frostig wird, wachsen
die Kräuter indoor noch etwas
weiter und auch der Paprika reift
hier ordentlich ab.

Pflanzenvorsorge-Tipps:

— Robuste, widerstandsfähige Sorten wählen,
— Standortansprüche beachten,
— zu enge Pflanzung vermeiden,
— Blätter beim Gießen nicht befeuchten,
— nicht übermäßig mit Stickstoff düngen,
— Trockenstress vermeiden,
— Pflanzen mit natürlichen Extrakten stärken.

WINTERZEIT

Die meisten Ihrer Fensterbankbewohner sind einjährige Pflanzen, die Sie im Herbst nach vollständiger Abernte in den Kompost verabschieden können. Basilikum und Co. lassen sich umgetopft vielleicht noch indoor in der Küche aufstellen, wenn sich ein heller, warmer Platz finden lässt. Mehrjährige Kräuter oder Mini-Obstpflanzen würden in milden Regionen den Winter auch auf der Fensterbank überstehen, allerdings nur mit Jute eingepackt, und das scheint schwierig auf so engem Raum.
Es empfiehlt sich also, die mehrjährigen Aufhebpflanzen entweder im bestehenden Kasten oder aber, um Platz zu sparen, umgetopft in ein kleineres Gefäß ins Winterquartier zu räumen. Leichter gesagt als getan, denn ein solches idealerweise helles und frostfreies (5 bis 10 °C) Winterquartier muss auch erst einmal gefunden werden. Geeignete Räume könnten hier Trep-

penhäuser, Garagen, Keller oder Kellerlichtschächte sein. Vergessen Sie nicht, je nach Helligkeit und Temperatur den Überwinterungsgast in regelmäßigem Abstand mäßig zu gießen.

Werkzeugkiste

Auch die besten Werkzeuge bleiben nur dann lange schön, wenn sie auch gepflegt werden. Eine schöne Holzkiste eignet sich bestens zur Aufbewahrung Ihrer Handgeräte wie Gartenschere, Handschaufel oder Gießkanne. So sind die Werkzeuge sicher und sauber beisammen und im nächsten Frühjahr ohne lange zu suchen wieder einsatzbereit. Die Gefäße sollten ebenfalls, von Erde und alten Wurzeln gereinigt, an einem trockenen Ort aufbewahrt werden.

TIPP

Eröffnen Sie doch im Winter Ihr eigenes Vogelrestaurant. So bieten Sie heimischen Singvögeln wie Rotkehlchen, Spatzen oder Meisen ein leckeres Buffet in hungrigen Zeiten. Das bunte Treiben lässt sich von drinnen aus bestens beobachten.

ICONS

- Standort sonnig
- Sonnig bis halbschattig
- Hoher Wasserbedarf
- Rückschnitt
- Hoher Nährstoffbedarf
- Überwinterung

PFLANZEN-
PORTRÄTS

GEMÜSE

TOMATE
— *Lycopersicon esculentum*

AUSSEHEN Aufrecht buschig, 30 bis 200 cm hoch, auch überhängende Sorten. Form, Farbe und Geschmack variieren (weltweit über 2500 Sorten), Fleisch-, Eier-, Cocktail- und Balkontomaten. Fruchtfarben gelb, orange, violett bis grün, wild gestreift.

ANBAU Voranzucht ab März, Jungpflanzen ab Mitte Mai in Blumenkästen oder Ampeln.

STANDORT & PFLEGE Sonnig-warm und windgeschützt. Erde gut feucht, die Blätter und Früchte trocken halten (Gefahr von Kraut- und Braunfäule). Nährstoffbedürftig, hoch aufge-düngte Bio-Gemüseerde, nach sechs Wochen regelmäßig nachdüngen. Kein Anbinden oder Ausgeizen, aus Blattachseln wachsende Seiten-triebe sorgen für eine gute Verzweigung. Schäd-linge: Weiße Fliege oder Spinnmilben.

ERNTE Juli bis Oktober, nicht unreif ernten wegen des giftigen Solanins. Etwas Nachreife an einem dunklen warmen Ort ist möglich.

SORTEN 'Balkoni Red', 'Balkoni Yellow', 'Balkon-star', 'Donna' F1, 'Heartbreaker Vita' F1, 'Patio Cherry', 'Primabell', 'Primagold', 'Red Robin' F1, 'Rentita', 'Totem' F1, 'Verino', 'Vilma', 'Tumbling (steht für „fallend") Tom Red'

1. Überhängenden Wuchs erkennt man am Sortennamen ('Tumbling' = „fallend").
2. Saftig, fruchtig, frisch und aromatisch – die Tomatenfrucht trägt die Fülle des Sommers in sich.

GURKE

— *Cucumis sativus*

AUSSEHEN Wuchs buschig bis überhängend, Mini-Snack-gurken mit 10 bis 15 cm langen Früchten.

ANBAU Voranzucht ab März, Direktsaat oder Jungpflanzen ab Mitte Mai in Kästen (mindestens 15 l Inhalt).

STANDORT & PFLEGE Sonniger, warmer Standort ist wichtig. Nährstoffbedürftig und sehr hoher Wasserbedarf – im Hochsommer ca. 2 bis 3 Liter pro Tag – die Blätter aber trocken halten. Nach dem 6. Laubblatt die Triebspitze entfernen für mehr Seitentriebe und höheren Fruchtansatz. Rankhilfe geben mit Schnur, Stab oder Spalier.

ERNTE Ab Juli, häufig durchpflücken.

KOMPAKTE SORTEN 'Minik' F1, 'Mini Stars' F1, 'Patio Snack' F1, 'Picolino' F1, 'Salamanda' F1

AUBERGINE

— *Solanum melongena*

AUSSEHEN Wuchs buschig, bis 60 cm hoch, mit lilafarbener Blüte und eierförmigen Früchten in Dunkelviolett, Weiß, Rosa oder lilagestreift.

ANBAU Ab Februar vorziehen, ab Mitte Mai nach draußen.

STANDORT & PFLEGE Eine sonnige, windgeschützte Fens-terbank wählen, sehr wärmebedürftig. Hoher Wasser- und Nährstoffbedarf! Im Sommer hohe Pflanzen stützen, Neben-triebe ausgeizen und Haupttriebe nach der fünften Frucht einkürzen, damit die vorhandenen Früchte gut ausreifen.

ERNTE Ab Ende August, wenn die Auberginen voll aus-gefärbt sind und glänzen. Nicht unreif ernten wegen des giftigen Solanins.

SORTEN 'Baby Rosanna' F1, 'Ophelia' F1, 'Pinstripe' F1

HOHER WÄRMEBEDARF

FARBENFROH

FRUCHTIG-SÜSS

SCHÖNE FORMEN

HOHER VITAMIN-C-GEHALT

PEPERONI ODER CHILI

HÖLLISCH SCHARF

PAPRIKA-NEWS
Mitbringsel von Christoph Kolumbus 1493
Botanischer Name: *Capsicum annuum*
Grüne Früchte sind unreif, rote sind reif.

KOMPAKTE PAPRIKA IM ÜBERBLICK

TYP & VERWENDUNG	AUSSEHEN & EIGENSCHAFTEN	SORTEN (MIT FRUCHTFARBE)
BALKON- UND SNACKPAPRIKA zum Naschen als Gaumenschmeichler mit Knabberspaß-Garantie	• großfruchtig, blockig oder länglich und spitz zulaufend • Ausfärbung ist abhängig von Sorte und Reifegrad: jede Sorte ist zunächst grün mit einem zunächst noch herberen Geschmack und färbt sich dann orange, rot, gelb oder violett	'Daisy' F1 (rot) 'Toscana' F1 (rot) 'Red Skin' F1 (rot) 'Snackyl' F1 (orange) 'Mohawk' F1 (orange) Lubega® 'Mini Yellow' F1 (gelb) 'Multi' F1 (gelb)
PEPERONI UND CHILIS mäßig scharf (dann pur essbar) bis hin zu feuerscharf (nur zum Würzen)	• meist schmal und spitzkegelig, oft mit buntem Farbenspiel – Sorte 'Basket of Fire' F1 reift von tiefviolett über hellgrün und orange zu einem leuchtenden Rot • verantwortlich für die Schärfe ist der Inhaltsstoff Capsaicin, Einteilung erfolgt nach Scoville	'Basket of Fire' F1 (rot) 'Fireflame' F1 (rot) 'Apache' F1 (rot) 'Starflame' F1 (gelb) 'Cheyenne' F1 (orange) 'Loco' F1 (violett)

ANBAU Ab Februar auf der beheizten Fensterbank bei 20 bis 26 °C, ab Mitte Mai in Blumenkästen oder Einzeltöpfe mit mindestens 10 l Inhalt umsetzen, Bio-Gemüseerde verwenden.

STANDORT Eine sonnige sowie wind- und regengeschützte Fensterbank ist ideal.

PFLEGE Hoher Wasser- und Nährstoffbedarf, dabei gleichmäßig feucht halten und 4 bis 6 Wochen nach der Pflanzung flüssig nachdüngen! Zum Anlehnen benötigen Paprika eine Stütze, vor allem bei schweren Früchten. Erste Blüte (Königsblüte) ausbrechen, das fördert die Verzweigung und die Bildung von Seitentrieben. Als Schädlinge können Weiße Fliege, Blattläuse oder Spinnmilben auftreten.

ERNTE Je nach Sorte ab Juli bis Oktober, wenn Früchte ausgefärbt, glänzend und fest sind.

ÜBERWINTERN Schädlinge / Krankheiten im Herbst behandeln, sobald Frost droht: Indoor-Standort hell, um 10 °C (Flur / Wintergarten), über den Winter mäßig gießen, nicht düngen. Ab März zurückschneiden und umtopfen in größeren Topf, frisches Substrat verwenden, regelmäßig gießen. Nach den Eisheiligen wieder auf die Fensterbank stellen.

GEMÜSE

ZUCCHINI

—— *Cucurbita pepo*

AUSSEHEN Schwachwüchsige Sorten meist ohne Ranken, die grünen, gelben oder gesprenkelten Früchte wachsen direkt aus dem Zentrum der Pflanze heraus.

ANBAU Voranzucht ab März, Direktsaat oder Jungpflanzen ab Mitte Mai in Blumenkästen mit mindestens 15 Liter Fassungsvermögen.

STANDORT & PFLEGE Sonnig, warm. Hoher Wasser- und Nährstoffbedarf, Erde gut feucht halten und spätestens sechs Wochen nach Aussaat oder Pflanzung regelmäßig flüssig nachdüngen.

ERNTE Juni bis Oktober, die Früchte jung ernten (etwa 10 bis 15 cm). Auch die dekorativen Blüten sind essbar.

SORTEN 'Diamant' F1, 'Leila' F1, 'Patio Star' F1

MANGOLD

—— *Beta vulgaris* ssp. *cicla*

AUSSEHEN Blatt-Mangold besitzt spinatähnliche Blätter (bis 30 cm hoch). Stiel-Mangold (bis 50 cm) hat breite, leuchtend bunte Blattstiele, hoher Vitamingehalt.

ANBAU Voranzucht ab März, Direktsaat von April bis Juni in Blumenkästen.

STANDORT & PFLEGE Sonnig bis halbschattig. Die Bio-Gemüseerde ausreichend feucht halten und sechs Wochen nach Pflanzung einmal pro Woche düngen.

ERNTE Ab Juli äußere Blätter ernten. Blatt-Mangold (ab 8 Wochen) wird wie Spinat, Stiel-Mangold (ab 12 Wochen) wie Spargel oder Kohlrabi zubereitet.

SORTEN 'Bright Lights', 'Rhubarb Chard', 'Vulkan' (Stiel-Mangold)

RADIESCHEN
— *Raphanus sativus* var. *sativus*

AUSSEHEN Wurzelgemüse mit meist kugeligen Speicherknollen in Rot, Weiß, Gelb oder Violett. Längliche 'Eiszapfen' für tiefere Gefäße.

ANBAU Aussaat in Bio-Gemüseerde ab Anfang März mit 3 bis 5 cm Abstand.

STANDORT & PFLEGE Sonniger Standort. Schwachzehrer mit kurzer Kulturzeit, keine zusätzlichen Dünger. Regelmäßig gießen, damit die Radieschen nicht holzig werden und zügig wachsen. Gut als „Lückenbüßer" in Mischkästen.

ERNTE 4 bis 6 Wochen nach der Aussaat. Zu spät geerntete Radieschen schmecken oft pelzig.

SORTEN 'Albena' (weiß), 'Riesenbutter' (rot), 'Viola' (violett), 'Zlata' (gelb)

RUCOLA
— *Eruca sativa*

AUSSEHEN Rucola oder Salatrauke (einjährig) mit länglichen grünen Blättern, die durch ihren nussigen, kresseartigen Geschmack Salaten ein würziges Aroma verleihen.

ANBAU Aussaat in Blumenkästen ab April mit einem Abstand von 3 bis 5 cm.

STANDORT & PFLEGE Sonnig oder halbschattig, dann aber mit weniger Schärfe. Die Erde gleichmäßig feucht halten, der Nährstoffvorrat in der Bio-Gemüseerde reicht aus.

ERNTE Von außen nach innen, sobald die Blätter 5 bis 10 cm lang sind. Wenn das Herz der Pflanze unbeschädigt bleibt, kann öfters geschnitten werden. Für Salate, Quark, Pesto, Pizza.

SORTEN 'Ruca', 'Tosca'

SALATE

FELDSALAT

—— *Valerianella locusta*

AUSSEHEN Feldsalat (auch Acker- oder Rapunzelsalat) bildet rundblättrige bis längliche grüne Blätter in Rosetten, leicht nussiger Geschmack. Reich an Vitaminen und Mineralstoffen.

ANBAU Aussaat Mitte August (Herbsternte) oder April (Frühjahrsernte) mit 3 bis 5 cm Abstand.

STANDORT & PFLEGE Sonniger bis halbschattiger Standort, Schwachzehrer. Die Erde gleichmäßig feucht halten, Trockenperioden führen zur vorzeitigen Blüte.

ERNTE Nach vier Wochen zunächst die äußeren Blätter, so sind weitere Ernten möglich. Bevor die Pflanzen blühen, Blattrosetten komplett abschneiden.

SORTEN 'Accent', 'Favor', 'Gala', 'Verte de Cambrai', 'Vit'

SPINAT

—— *Spinacia oleracea*

AUSSEHEN Ovale bis pfeilspitzenförmige, kräftig grüne Blätter, vitamin- und mineralstoffreich, als gekochtes Gemüse oder auch roh in Salaten.

ANBAU Aussaat in Blumenkästen ab März mit einem Abstand von 3 bis 5 cm.

STANDORT & PFLEGE Sonniger bis halbschattiger Standort. Die Erde gleichmäßig feucht halten, denn bei Trockenheit blühen die Pflanzen vorzeitig auf. Der Nährstoffvorrat einer Bio-Gemüseerde reicht aus.

ERNTE Geerntet wird von außen nach innen, dabei das Herz unverletzt lassen, dann sind weitere Ernten möglich. Wenn Spinat blüht, wird er ungenießbar.

SORTEN 'Lazio', 'Matador', 'Red Cardinal'

PFLÜCK- UND SCHNITTSALAT

— *Lactuca sativa* var. *crispa*

AUSSEHEN Pflück- und Schnittsalate sind mit ihren länglichen und oft gekräuselten grünen, roten oder braunen Blättern eine vielfältige Grundlage für frische Salate von Frühling bis Herbst. Der Eichblattsalat hat einen leicht nussigen Geschmack, besonders zart schmecken die als 'Babyleaf' angebotenen Salatmischungen.

ANBAU Salatjungpflanzen ab Anfang April im Abstand von 15 bis 20 cm in Blumenkästen pflanzen, nicht zu tief setzen.

STANDORT & PFLEGE Der Standort sollte sonnig bis halbschattig und nicht zu heiß sein,

damit der Salat nicht zu schnell Blüten bildet. Gleichmäßig feucht halten. Der Nährstoffvorrat in Bio-Gemüseerden reicht aus, bei längerer Kulturzeit ab sechs Wochen einmal pro Woche flüssig nachdüngen.

ERNTE Äußere Blätter bereits nach vier Wochen, sobald der Salat etwa 10 cm hoch ist. Das Herz der Pflanze unbeschädigt lassen. Anfangs nicht zu viele Blätter entnehmen, dann fallen die Folgeernten umso reicher aus.

SORTEN 'Amerikanischer Brauner', 'Confetti', 'Lollo Rossa', 'Red Salad Bowl', 'Smile'

1. Gleich wird's bunt in der Salatschüssel – neben grünen gibt's auch rote oder braune Sorten.
2. Salate bieten mit ihren zarten Blättern und knackigen Rippen ein besonderes Frischeerlebnis.

SALATE

ASIATISCHES BLATTGEMÜSE
—— *Brassica*-Arten

AUSSEHEN Asia-Salate (Asia Greens) gehören zwar zur Kohlfamilie, bereichern aber in erster Linie die Palette der Blattsalate. Die Geschmacksvariationen reichen von nussig, scharf bis kohlähnlich mild. Die bekanntesten Vertreter: Mini Pak Choi, Amchoi, Mizuna, Misome, Mibuna oder Komatsuna.

ANBAU Aussaat in Blumenkästen ab März im Abstand von etwa 10 cm oder ein Saatband verwenden, bei dem die Samen bereits im idealen Abstand liegen.

STANDORT & PFLEGE Sonnig bis halbschattig. Als Substrat eignet sich eine Bio-Gemüseerde,

bei mehrmaligem Schnitt nach jeder Ernte etwas Dünger geben. Gleichmäßig feucht halten, damit die Salate nicht unangenehm scharf werden und vorzeitig blühen.

ERNTE Erste Ernte ist bei einer Blattgröße von 15 bis 20 cm bei günstiger Witterung bereits nach vier bis sechs Wochen möglich. 5 cm über dem Herz schneiden, dann treiben Asia-Salate wieder aus und bringen weitere Ernten. Spät im September gesät, können Asia-Salate auch milde Winter überstehen.

SORTENMIX 'Asia Spicy Green Mix'

1. Asia-Salate liefern schmackhafte und vitaminreiche Rohkost mit fernöstlichem Genuss.
2. Die Erntezeit von Asia-Salaten liegt zwischen Mai und Oktober.

KRÄUTER

PETERSILIE
—— *Petroselinum crispum*

AUSSEHEN Zweijähriges, 20 bis 30 cm hohes, winterfestes Kraut mit glatt- (besonders aromatisch) oder krausblättrigen Blättern, die sich gut zum Garnieren eignen. Hoher Gesundheitswert!

ANBAU Die Aussaat findet ab März in Bio-Kräutererde statt.

STANDORT & PFLEGE Sonnig bis halbschattig, wenn möglich volle Mittagssonne vermeiden. Beachten Sie den hohen Wasser- und Nährstoffbedarf von Petersilie.

ERNTE Blätter und Triebe ganzjährig möglich bis Blühbeginn, anschließend wird Petersilie ungenießbar. In der Küche zum Würzen und Garnieren oder als Tee geeignet.

SORTEN 'Glatte Petersilie', 'Gigante di Napoli', 'Mooskrause'

LIEBSTÖCKEL
—— *Levisticum officinalis*

AUSSEHEN Das mehrjährige Liebstöckel, wegen des würzigen Geruchs auch Maggikraut genannt, wächst buschig und wird im Kasten 30 bis 40 cm hoch. Im Winter zieht sich das Laub zurück. Gelbgrüne Doldenblüte von Juli bis August.

ANBAU Die Aussaat findet ab März in Bio-Kräutererde statt, eine Vermehrung ist auch über Wurzelteilstücke möglich.

STANDORT & PFLEGE Sonniger bis halbschattiger Standort, regelmäßig gießen und düngen.

ERNTE Junge Blätter im Frühjahr, reife Samen im Sommer. In der Küche als beliebtes Würzkraut vielfältig verwendbar, im Geruch und Geschmack erinnert Liebstöckel stark an Sellerie.

SORTEN 'Liebstock', 'Verino'

KRÄUTER

BASILIKUM
— *Ocimum basilicum*

AUSSEHEN Basilikum ist mit Ausnahme vom Strauchbasilikum meist einjährig, aufrecht wachsend bis 60 cm hoch. Die intensiv würzig duftenden Blätter sind sortenabhängig grün oder rot und eiförmig zugespitzt, mit einem hohen Gehalt an ätherischen Ölen und vielen anderen Inhaltsstoffen mit gesundheitlichem Wert. Die Lippenblüten zeigen sich von Juli bis September in Weiß bis Rosapurpur (rotblättrige Sorten).

ANBAU Aussaat ab März in höher aufgedüngten Bio-Kräutererden, warm bei etwa 20 °C aufstellen.

STANDORT & PFLEGE Das kälteempfindliche Basilikum benötigt generell einen sonnigen und warmen Platz. Hoher Wasser- und Nährstoffbedarf, deshalb die Erde stets gleichmäßig feucht halten und ab sechs Wochen regelmäßig nachdüngen. Blütenansätze entfernen, wenn das Basilikum weiter Blätter ausbilden soll.

ERNTE Junge Blätter als 5 cm lange Triebe direkt über dem Blattknoten ernten, Neuaustrieb folgt. Frisch verwenden, nicht mitkochen, zu Tomaten, Salaten, Süßspeisen, Soßen, Nudelgerichten oder als Pesto.

1. Italienischer Insalata Caprese mit Tomaten und Mozzarella ist ohne Basilikum undenkbar.
2. Basilikum auf der Fensterbank dient auch zur Abwehr von Mücken.

BASILIKUM – DAS KÖNIGSKRAUT

TYPEN	EIGENSCHAFTEN & BESONDERHEITEN	SORTEN
GENOVESER-TYP typisch aromatisch	• süß aromatischer Geruch • große, dunkelgrüne und leicht nach unten gewölbte Blätter	'Baldur', 'Edwina', 'Emily', 'Großes grünes Genoveser', 'Gustosa', 'Martina'
KRAUSES BASILIKUM mit Dauerwelle	• große, fein gekrauste, sattgrüne Blätter, sehr ergiebig • lecker aromatisch, mit Zierwert • besonders wärmebedürftig	'Green Ruffles', 'Grünes Krauses', 'Neapolitanisches Basilikum', 'Serrata'
KLEINBLÄTTRIGER BUBIKOPF französisches, italienisches oder griechisches Basilikum	• kleinblättrig • kompakter, runder Wuchs • feinstes, intensives Aroma	'Feinblättriges Grünes', 'Fino Verde', 'Pallo Compatto', 'Piccolino', 'Pluto'
ROTBLÄTTRIGES BASILIKUM bringt Farbe ins Spiel	• purpurrote Blätter • rosafarbene Blüte • Wuchs, Blattfarbe und Aroma stark sortenabhängig	'Chianti', 'Dark Opal', 'Osmin', 'Purple Delight', 'Purple Ruffles', 'Rubin'
ZITRONEN-BASILIKUM sorgt für pure Erfrischung	• feinblättrig mit Zitronenaroma • etwas empfindlicher, höheres Wärmebedürfnis	'Helios', 'Lemon', 'Sweet Lemon'
THAI-BASILIKUM fernöstlich ist angesagt	• süßlicher, anisartiger Geschmack • rötliche Blattstängel • rot-rosafarbene Blüte	'Purple Stem', 'Siam Queen', 'Sita', 'Thai Magic'
BASILIKUMSTRAUCH mehrjährig und dekorativ	• strauchförmig, oft kräftig im Wuchs • etwas herber, pfeffriger Geschmack • Überwinterung indoor	'African Blue', 'Magic Blue', 'Magic White', 'Wildes Purpur'

KRÄUTER

SCHNITTLAUCH
—— *Allium schoenoprasum*

AUSSEHEN Mehrjährig, Blätter wachsen röhrenförmig in Büscheln bis 30 cm hoch. Geschmack leicht scharf, zwiebelähnlich. Im Sommer zeigen sich kugelförmige rosaviolette Blüten.

ANBAU Aussaat oder Teilung ab März in Bio-Kräutererde.

STANDORT & PFLEGE Sonnig bis halbschattig. Die Erde gleichmäßig feucht halten und besonders nach der Ernte regelmäßig nachdüngen. Nach 2 bis 3 Jahren die Wurzelstöcke teilen, um ein Überaltern zu verhindern.

ERNTE Die röhrigen Blätter mit einer Schere knapp über der Erde schneiden, der Schnittlauch treibt dann wieder aus.

SORTEN 'Biggy', 'Forescate', 'Staro'

KNOBLAUCH
—— *Allium sativum*

AUSSEHEN Hauptzwiebel mit gebogenen Nebenzwiebeln (Zehen), Blätter wachsen eintriebig, meist hängend, bis 50 cm hoch. Rötlich weiße, halbkugelige Dolden als Blüten im Frühsommer.

ANBAU Brutzwiebeln oder Zehen im Frühjahr oder Spätsommer 5 cm tief in die Erde stecken, Abstand 15 cm.

STANDORT & PFLEGE Sonnig und warm ist wichtig. Die Erde gleichmäßig feucht halten.

ERNTE Nach Abwelken des Laubes im Hochsommer aus der Erde nehmen und kurz in der Sonne trocknen lassen. Anschließend in Bündeln luftig aufhängen zum Nachreifen. Charakteristisch im Geschmack und vielseitig verwendbar.

SORTEN 'Aquila', 'Cledor', 'Edenrose'

OREGANO

— *Origanum vulgare*

AUSSEHEN Mehrjährig, wächst buschig und ausläufer-bildend, bis 50 cm hoch. Aromatisch duftende Blätter und Lippenblüten in Rosa, Rot oder Weiß, von Juli bis September würzig duftende Bienenweide!

ANBAU Die Aussaat findet ab März in eine gut durchlässige Bio-Kräutererde statt oder Wurzelstöcke im Herbst teilen.

STANDORT & PFLEGE Oregano bevorzugt einen voll-sonnigen Standort und hat einen niedrigen Wasser- und Nährstoffbedarf. Rückschnitt im Frühjahr.

ERNTE Frische, junge Triebe oder getrocknet als Würzkraut für Pizza, Salate, Grill- und Nudelgerichte.

SORTEN 'Aromata', 'Compactum', 'Gold', 'Hot & Spicy', 'Margeritha'

MAJORAN

— *Origanum majorana*

AUSSEHEN Einjährig, wächst buschig verzweigt, bis 50 cm hoch. Die Blätter sind flaumig behaart, teilweise rötlich überlaufen. Von Juli bis August ziehen hellrote bis weiße Lippenblüten Bienen magisch an.

ANBAU Die Aussaat findet im Frühjahr in eine gut durch-lässige Bio-Kräutererde statt.

STANDORT & PFLEGE Trotz eines bevorzugten vollsonni-gen Standorts nur mäßig gießen. Mittlerer Nährstoffbedarf, ab sechs Wochen gelegentlich nachdüngen.

ERNTE Frische, junge Triebe im Frühjahr ernten oder im Sommer, dann getrocknet verwenden als Würzkraut für defti-ge Kartoffel- oder Fleischgerichte, Eintöpfe oder Aufläufe.

SORTE 'Venezia'

KRÄUTER

KRESSE

— *Lepidium sativum*

AUSSEHEN Einjährig, wächst aufrecht, blühend mit kleinen, weißen Traubenblütchen, bis 50 cm hoch. Kresse ist auch vorzüglich geeignet für schnelle Zimmerkulturen.

ANBAU Aussaat ab März, im Zimmer ganzjährig, die Kulturzeit beträgt nur 2 bis 3 Wochen.

STANDORT & PFLEGE Sonnige oder halbschattige Standorte wählen, keine besonderen Ansprüche an das Aussaatmedium (Erde, Papiertuch etc.). Die Aussaaten ständig wiederholen und immer gleichmäßig feucht halten.

ERNTE Nur frisch als pikantes Würzkraut mit rettichartig scharfem Geschmack. Auch die weißen Blüten sind essbar.

SORTEN 'Cressida', 'Cresso', 'Presto'

DILL

— *Anethum graveolens*

AUSSEHEN Einjährig, wächst mit dunkelgrünen, zartgefiederten Blättern aufrecht bis locker buschig bis 70 cm hoch. Gelb leuchtende Blütendolden von Juni bis August, neigt gerne zur Verbreitung über Selbstaussaat.

ANBAU Aussaat ab April direkt in tiefere Gefäße mit lockerer Bio-Erde, für mehrere Folgesätze alle 3 bis 4 Wochen wiederholen.

STANDORT & PFLEGE Dill benötigt einen sonnigen Standort und regelmäßig Wasser, aber nur wenig Düngergaben.

ERNTE Aromatische Blätter und Blüten schmecken frisch oder getrocknet.

SORTEN 'Delikat', 'Diana', 'Ella'

ROSMARIN
—— *Rosmarinus officinalis*

AUSSEHEN Mehrjähriger frostempfindlicher Halbstrauch, wächst buschig, im unteren Bereich verholzend, bis 50 cm hoch oder auch überhängend. Die Blätter sind immergrün, die Lippenblüten (März bis Juli) blassblau bis violett.

ANBAU Vermehrung über Stecklinge oder Absenker im Sommer in gut durchlässiger Bio-Kräutererde.

STANDORT & PFLEGE Sonniger Standort, mittlerer Wasser- und Nährstoffbedarf, ab sechs Wochen nachdüngen. Rückschnitt bietet sich im Frühjahr nach Überwinterung an.

ERNTE Junge Triebspitzen schmecken angenehm harzig, ganzjährig frisch.

SORTEN 'Abraxas', 'Blue Winter', 'Prostratus', 'Riviera', 'Romantica'

ECHTER SALBEI
—— *Salvia officinalis*

AUSSEHEN Mehrjährig, wächst breit buschig und verholzend, bis 60 cm hoch. Blätter sind immergrün, filzig behaart, duftend und sortenabhängig graugrün, gelb bis violett, Lippenblüten in Blauviolett von Juni bis August, Insektenweide.

ANBAU Aussaat im Frühling, Stecklinge im Sommer in Bio-Kräutererde.

STANDORT & PFLEGE Sonniger Standort bringt höchstes Aroma. Mittlerer Wasser- und Nährstoffbedarf, ab sechs Wochen nachdüngen. Rückschnitt im Frühjahr.

ERNTE Junge Blätter zum Würzen sparsam verwenden, auch als Tee bei Magenbeschwerden oder zum Gurgeln bei Mund- und Rachenentzündungen.

SORTEN 'Goldblatt', 'Purpurascens', 'Tricolor'

KRÄUTER

KAPUZINERKRESSE

—— *Tropaeolum majus*

AUSSEHEN Einjährig, buschig, oft rankend, Triebe werden bis zu 3 m lang. Die Blätter sind rundlich, hellgrün und teilweise bläulich schimmernd. Blüten zeigen sich süß duftend, trompetenförmig in Rot, Orange oder Gelb, auch zweifarbig, von Juli bis Oktober.

ANBAU Aussaat ab März in eine gut aufgedüngte Bio-Kräutererde, stets gleichmäßig feucht halten und ab sechs Wochen regelmäßig nachdüngen.

STANDORT & PFLEGE Sonnig oder besser halbschattig.

ERNTE Blüten als frische Zugabe schmecken senfartig. Samen nicht in größeren Mengen verzehren!

SORTEN 'Empress of India', 'Kaiserin Viktoria', 'Sonnenteppich'

ZITRONENVERBENE

—— *Aloysia triphylla*

AUSSEHEN Mehrjährig, aber frostempfindlich, aufrecht wachsend, bis 50 cm hoch. Vor allem die schmalen, lanzettlichen Blätter, aber auch die im August erscheinenden kleinen weißen Blütenrispen duften herrlich zitronig.

ANBAU Vermehrung über Stecklinge oder Absenker im Sommer, die Bio-Kräutererde gleichmäßig feucht halten und ab sechs Wochen regelmäßig nachdüngen.

STANDORT & PFLEGE Sonnig und windgeschützt. Im Frühjahr nach Überwinterung stark zurückschneiden.

ERNTE Blätter und Blüten sind im Sommer bestens geeignet zum Aromatisieren von Getränken oder Süßspeisen oder für leckere Erfrischungstees.

SORTE 'Freshman'

ECHTER THYMIAN
— Thymus vulgaris

AUSSEHEN Mehrjährig, wächst meist polsterbildend, bis 30 cm hoch. Die Blätter sind immergrün, rundlich bis eiförmig, unterseits behaart. Die weißen bis hellrosa Lippenblüten sorgen von Juni bis September für eine würzig duftende Bienenweide.

ANBAU Aussaat im Frühjahr, im Sommer sind auch Stecklinge oder Absenker möglich.

STANDORT & PFLEGE Thymian benötigt einen sonnigen Standort. Gut durchlässige Bio-Kräutererde verwenden, geringer Wasser- und Nährstoffbedarf. Ein leichter Rückschnitt im Frühjahr ist zu empfehlen.

ERNTE Junge Blätter ganzjährig ernten, frisch oder getrocknet mitkochen, zum Würzen von Fleisch- und Kartoffelgerichten oder Suppen.

SORTEN 'Argenteus' , 'Compactus', 'Fredo'

WEITERE ARTEN Zitronen-Thymian (*Thymus citriodorus*) mit gelb- oder weißgrünem Laub, der wegen seines feinen Zitronenaromas gerne für Kräutertees verwendet wird. Der niederliegende Kümmel-Thymian (*Thymus herba-barona*) macht dagegen seinem Namen als Küchenkraut mit Kümmel-Aroma alle Ehre. Achten Sie daher bei der Pflanzenbeschaffung besonders auf die Arten- und Sortenbeschreibungen.

1. Ein sonniges Plätzchen auf der Fensterbank ist ideal.
2. Thymian überzeugt besonders als aromatische Teepflanze.

KRÄUTER

LAVENDEL
— *Lavandula angustifolia*

AUSSEHEN Der mehrjährige Halbstrauch ist winterhart und immergrün, buschig verzweigt, im unteren Bereich verholzend, bis 60 cm hoch. Die länglichen Blättchen haben eine silbrig graue Tönung. Lippenblüten in Dunkelblau bis Violett, Rosa oder Weiß verwandeln von Juni bis August die Pflanzen in eine duftende Insektenweide.

ANBAU Aussaat im Frühjahr, Stecklinge vor der Blüte, am besten eine gut durchlässige Bio-Kräutererde verwenden.

STANDORT & PFLEGE Der Standort sollte sonnig sein, der Wasser- und Nährstoffbedarf ist niedrig. Rückschnitt im Herbst oder Frühjahr bis ins alte Holz sorgt für einen buschigen Wuchs.

ERNTE Junge Blätter eignen sich während der gesamten Vegetationsperiode ab Mai als Würze für Fischgerichte, Eintöpfe und Geflügel, Blütenstiele nach dem vollständigen Aufblühen als Tee oder in Duftsäckchen (gegen Motten).

SORTEN 'Alba', 'Aromatico Silver', 'Blue Cushion', 'Forever Blue', 'Hidcote Blue'

WEITERE ARTEN Schopf-Lavendel (*Lavandula stoechas*) mit rosa oder weißen Hochblättern.

1. Schopf-Lavendel mit seinen bizarren Hochblättern verschönert die Aussicht in den Hinterhof.
2. Der Anblick der Lavendelblüten erinnert an die einzigartige Provence in Südfrankreich.

1

2

WASABI-RAUKE

—— *Diplotaxis erucoides*

AUSSEHEN Mehrjährig und winterhart, mit länglichen Blättern, die intensiv nach Meerrettich schmecken. Weiße Blüten ab August, bildet Samen ab Oktober, aus dem im nächsten Frühjahr wieder neue Pflanzen wachsen.

ANBAU Aussaat ab April im Abstand von 3 bis 5 cm.

STANDORT & PFLEGE Sonnig bis halbschattig, dann aber weniger scharf. Erde gut feucht halten, der Nährstoffvorrat in der Bio-Gemüseerde reicht aus. Je öfter geerntet wird, umso später kommt die Blüte.

ERNTE Von außen nach innen, sobald die Blätter 5 bis 10 cm lang sind. Als scharfe Note für asiatische Gerichte, Salate, Grillgerichte oder als Brotaufstrich.

SORTE 'Matsum'

KORIANDER

—— *Coriandrum sativum*

AUSSEHEN Einjährig, wächst aufrecht und verzweigt, bis zu einer Höhe von 50 bis 70 cm, weiße Doldenblüten von Juni bis August.

ANBAU Aussaat ab März in Bio-Kräutererde. Weltweit das meist verwendete Würzkraut.

STANDORT & PFLEGE Sonnig und warm, mäßig gießen und düngen.

ERNTE Blätter werden den ganzen Sommer über frisch geerntet, würzen Fisch und Geflügel, Suppen, Soßen oder Salate. Koriandersamen eignen sich leicht geröstet und zermahlen mit ihrem süßen, orangenartigen Aroma gut für asiatische Speisen, zu Früchten und Ratatouille.

SORTEN 'Caribe', 'Gemeiner Koriander', 'Thüringer'

MINZE-SORTEN

DEUTSCHER NAME / SORTE	WUCHS	AROMA, AUSSEHEN & VERWENDUNGSBEISPIELE
ANANASMINZE	kompakt	fruchtige, cremefarbene panaschierte Blätter, für Tees und Süßspeisen
APFELMINZE	wüchsig	hellgrüne, behaarte Blätter, für Tees und Salate
ERDBEERMINZE	kompakt	intensiver Erdbeerduft, für Süßspeisen, Tees und Erfrischungsgetränke
ENGLISCHE PFEFFERMINZE	wüchsig	typisches Pfefferminzaroma, für Tees und Salate
GRAPEFRUITMINZE	kaum Ausläufer	duftet nach Pampelmusen, der erfrischende Tee aus den Blättern ist aber nicht bitter
HUGO-COCKTAIL-MINZE	kompakt	leichtes Minzaroma, erfrischender Citrusduft, ideal für „Hugo" und andere Cocktails
MAROKKANISCHE MINZE	kompakt	kräftiges Spearmint-Aroma, für den traditionellen Minzetee
MOJITO-MINZE	wüchsig	starkes Spearmint-Aroma, optimal für Mojito-Cocktails
SCHARFE MINZE / THÜRINGER MINZE	wüchsig	erfrischend intensives Pfefferminzaroma, hoher Menthol-Gehalt, ideal für Tees
SCHOKOMINZE	wüchsig	erinnert im Duft an After-Eight-Schokolade, für Tees, Süßspeisen und Eis
THAI-MINZE	eher kompakt	frisch, würzig, ideal für asiatische Gerichte
ZITRONENMINZE	eher kompakt	Blätter duften herrlich nach Zitrone, für Tees (auch Eistee) und Süßspeisen

KRÄUTER

MINZE
—— *Mentha*-Arten

AUSSEHEN Mehrjährig und robust, wächst art- und sortenabhängig mal kompakt, mal rasch ausbreitend, aufrecht bis polsterbildend. Die ganze Vielfalt zeigt sich nicht nur im Wuchsverhalten und im Aroma, sondern auch in Form und Farbe der Blätter und Lippenblüten.

ANBAU Vermehrung ist über Wurzelausläufer oder Stecklinge möglich, hierfür eine gut durchlässige Bio-Kräutererde verwenden.

STANDORT & PFLEGE Leicht sonnig bis halbschattig, Erde gut feucht halten und regelmäßig düngen. Die Minze liebt ein feuchtes, organisch aufgedüngtes Substrat. Staunässe ist aber unbedingt zu vermeiden. Bei starker Ausbreitung im Blumenkasten Wurzelausläufer reduzieren und Rhizomsperre einbauen. Oder einzelne Töpfe verwenden, um eine zu starke Ausbreitung zu verhindern.

ERNTE Junge Blätter oder Triebe ganzjährig ernten, frisch oder getrocknet für Tees, Cocktails, Süßspeisen, Salate oder auch für asiatische Gerichte. Aufgrund der großen Vielfalt an Verwendungsmöglichkeiten auf Art- und Sortenbeschreibungen achten.

1. Stark wachsende Minzesorten erobern die Fensterbank – reiche Ernte für Sie.
2. Die Schokominze eignet sich ganz besonders für Eis und Süßspeisen.

1

2

DIE KÖNIGIN UNTER DEN BEEREN

Sie sind für alle Naschkatzen dieser Welt geradezu ein Muss: Erdbeeren schmecken fruchtig-süß und sind sehr gesund.

1.

Psst ..., botanisch gesehen sind Erdbeeren gar keine Beeren, sondern gehören zu den Sammelnussfrüchten. Die gelben Punkte auf den Beeren sind die eigentlichen Früchte, die im roten Fruchtfleisch (Blütenboden) sitzen.

3.

Schon mal die 'Weiße Ananaserdbeere' probiert? Im Unterschied zu den üblichen Erdbeeren sind ihre Früchte nicht rot, sondern weißlich mit roten Nüsschen und schmecken fruchtig, leicht nach Ananas.

2.

Kaum zu glauben, dass die Erdbeere zu 90 % aus Wasser besteht, denn sie schmeckt durch die in ihr enthaltenen Fruchtsäuren, Aromastoffe und den Fruchtzucker alles andere als wässrig. Und sie glänzt auch als wahrer Fitmacher: Reich an Vitamin C, Frucht- und Folsäure sowie jede Mengen an wichtigen Mineralstoffen stecken in ihr.

4.

Walderdbeeren (*Fragaria vesca*) brillieren mit besonders aromatischen Früchtchen, sind dafür aber deutlich kleiner. Sortentipps: 'Alexandria', 'Merci', 'Tubby Red'.

SORTE	BLÜTENFARBE	FRUCHT
'Camara' F1	dunkelrosa	länglich oval
'Cupido' F1	weiß	herzförmig
'Diamante'	weiß	rund
'Elan' F1	reinweiß	herzförmig
'Fragoo Deep Rose' F1	intensiv pink	länglich schmal
'Hummi Merosa'	rosa	rund
'Mieze Schindler'	weiß	klein, stark duftend
'Rosana' F1	rosa	herzförmig
'Toscana' F1	pink	herzförmig

OBST

ERDBEERE
—— *Fragaria × ananassa*

AUSSEHEN Aufrecht buschig, je nach Sorte mit unterschiedlich langen früchtebehangenen Ausläufern. Durch eine große Sortenvielfalt unterscheiden sich Blüten und Früchte deutlich in Form und Farbe. Am besten mehrmals tragende Sorten auswählen.

ANBAU Jungpflanzen ab Mitte März in ein Bio-Substrat setzen, aber nicht zu tief. Die Herzblätter sollten knapp über der Erdoberfläche bleiben.

STANDORT & PFLEGE Als Standort eignet sich ein sonniges bis halbschattiges Fenster. Gleichmäßig, wenn möglich mit weichem, kalkfreiem Wasser feucht halten. Blätter und Früchte sollten trocken bleiben, ansonsten droht Gefahr von Grauschimmel. Der beste Zeitpunkt ist früh morgens. Tagsüber speichern die Früchte die Wärme und würden dann beim Gießen einen Kälteschock bekommen. Nach sechs Wochen regelmäßig nachdüngen. Im Spätsommer können die Ausläufer zur eigenen Anzucht neuer Erdpflanzen für das nächste Jahr verwendet werden. Zum Überwintern, mit Ausnahme vom Herz, alle Blätter und Ausläufer abschneiden. Als Schädlinge können Blattläuse und in besonders heißen Sommern auch Spinnmilben auftreten.

ERNTE Bei optimaler Wasser- und Nährstoffversorgung liefern mehrmals tragende Erdbeersorten Früchte fortwährend von Juni bis Oktober. Beachten Sie beim Pflücken, dass Erdbeeren nicht nachreifen. Also immer nur rote Früchte ernten!

1. Fruchtig-süße Erdbeeren sind zum Naschen da.

2. Auch die Blüten sind echt hübsch anzuschauen.

OBST

ANDENBEERE

— *Physalis peruviana*

AUSSEHEN Sorten mit niedrigem und breitem Wuchs wählen. Blüten, aus denen sich orangefarbene, süß-aromatische Früchte mit papierartiger Lampionhülle entwickeln.

ANBAU Aussaat ab März, Pflanzung ab Mitte Mai in Bio-Erde.

STANDORT & PFLEGE Standort sollte für eine gute Fruchtausreife sonnig und geschützt sein. Hoher Wasserbedarf. Nach sechs Wochen regelmäßig nachdüngen.

ERNTE Ab September bis Oktober erntereif, wenn der Hüllkelch sich braun verfärbt und eintrocknet. Zur Vollreife fallen die geschlossenen Fruchtkörper herab.

SORTEN 'Little Lanterns', 'Goldvital'

WEITERE ART *Physalis pruinosa* (Ananaskirsche) 'Goldmurmel'

WALDHEIDELBEERE

— *Vaccinium myrtillus*

AUSSEHEN Mehrjährig, wächst kompakt bis 20 cm hoch, weiße Blüten und erbsengroße, hell- bis dunkelblaue, süße Früchte. Blaues Fruchtfleisch, hoher Gesundheitswert!

ANBAU Ab April als Moorbeetpflanze in ein saures Substrat setzen, Bio-Heidelbeererde im Handel erhältlich.

STANDORT & PFLEGE Sonnigen bis halbschattigen Standort wählen. Regelmäßig die Erde mit weichem, kalkfreiem Wasser gießen und nach sechs Wochen organisch nachdüngen.

ERNTE Juli bis September, wenn die Früchte am Stielansatz tiefblau sind. Durch die intensive Farbkraft, den Anthocyanen, färben sich Hände und Mund dunkelviolett.

SORTE 'Sylvana'

PREISELBEERE

— *Vaccinium vitis-idaea*

AUSSEHEN Immergrün, wächst kompakt aufrecht bis kriechend, 10 bis 40 cm hoch. Anfänglich zeigen sich dunkelrote Blütenknospen, Blüten weiß bis schwach rötlich. Auch die Beerenfrüchte sind zunächst weiß, später färben sie sich leuchtend rot.

ANBAU Ab April als Moorbeetpflanze in ein saures Substrat setzen, beispielsweise Rhododendronerde.

STANDORT & PFLEGE Sonnigen bis halbschattigen Standort wählen. Regelmäßig die Erde mit weichem, kalkfreiem Wasser gießen, nach sechs Wochen organisch nachdüngen.

ERNTE Ab August bis Oktober, Früchte mit einem herbsauren Geschmack, hoher Gesundheitswert!

SORTEN 'Koralle', 'Red Candy', 'Red Pearl'

CRANBERRY

— *Vaccinium macrocarpon*

AUSSEHEN Immergrün, wächst kompakt 30 bis 50 cm hoch. Weiße Blüten erscheinen zwischen Juni und Juli, rote stachelbeergroße, vitaminreiche Beeren ab September.

ANBAU Ab April in ein saures Substrat setzen.

STANDORT & PFLEGE Sonnig bis halbschattig, vertragen keine Trockenheit, deshalb regelmäßig mit kalkfreiem Wasser gießen, nach sechs Wochen organisch nachdüngen.

ERNTE Ab September, Früchte sind zwar saftig, aber auch herzhaft-säuerlich. Gut geeignet für die Verarbeitung als Trockenobst, schmecken dann ähnlich wie Rosinen. Auch als Bestandteil von Säften und Tees beliebt, hoher Gesundheitswert!

SORTEN 'Ben Lear', 'Early Black', 'Red Star'

Nützliche Adressen

KÄSTEN UND HALTERUNGEN

HÄCKEL GmbH-Vario-Fix

Schneeberger Str. 70
D-08134 Langenweißbach
Tel.: (03 76 03) 5 02 66
E-Mail: *info@vario-fix.de*
www.vario-fix.de

Tietz Metalldesign

Vornholzstr. 110
D-94036 Passau
Tel.: (08 51) 4 90 71 72
E-Mail: *info@tietz-metalldesign.de*
www.blumenkastenhalterung.com

TREBA BAUSYSTEME GmbH

Am Falbenholzweg 36a
D-91126 Schwabach
Tel.: (0 91 22) 9 78 90
E-Mail: *info@frewa.de*
www.frewa.de

rephorm („HERB")

Michael Hilgers
Adalbertstrasse 24
D-10179 Berlin
Tel.: (030) 75 44 92 90
E-Mail: *mail@rephorm.de*
www.rephorm.de

Projekt „Die Bienenkiste"

Kielkamp 35
D-22761 Hamburg
Tel.: (040) 88 16 83 35
E-Mail: *kontakt@bienenkiste.de*
www.bienenkiste.de

Hermann Meyer KG

Halstenbeker Weg 100
D-25462 Rellingen
Tel.: (0 41 01) 4 90 90
E-Mail: *mail@meyer-shop.com*
www.meyer-shop.com

KRÄUTER UND DUFT-PFLANZEN

Kräuter- und Staudengärtnerei Mann

Schönbacherstr. 25
D-02708 Lawalde
Tel.: (0 35 85) 40 37 38
E-Mail: *info@staudenmann.com*
www.staudenmann.de

Die Kräuterei (Bioland)

Alexanderstr. 29
26121 Oldenburg
Tel.: (04 41) 88 23 68
E-Mail: *kraeuterei@t-online.de*
www.kraeuterei.de

Rühlemann's Kräuter & Duftpflanzen

Auf dem Berg 2
D-27367 Horstedt
Tel.: (0 42 88) 92 85 58
E-Mail: *info@ruehlemanns.de*
www.ruehlemanns.de

Gärtnerei Blu-Blumen GbR

Stukendamm 80
D-33449 Langenberg
Tel.: (0 52 48) 60 90 26
E-Mail: *info@blu-blumen.de*
www.blu-blumen.de

Kräuterey Lützel

Im Stillen Winkel 5
D-57271 Hilchenbach-Lützel
Tel.: (0 27 33) 38 46
E-Mail: *shop@kraeuterey.de*
www.kraeuterey.de

Otzberg Kräuter

Burghart Koch-Seubert
Erich Ollenhauer-Str. 87b
D-65187 Wiesbaden
Tel.: (06 11) 8 12 05 45
www.otzberg-kraeuter.de

Blumenschule Rainer Engler
Augsburger Str. 62
D-86956 Schongau
Tel.: (0 88 61) 73 73
E-Mail: *info@blumenschule.de*
www.blumenschule.de

Artemisia Allgäuer Kräutergarten
Hopfen 29
D-88167 Stiefenhofen im
Allgäu
Tel.: (0 83 86) 96 05 10
E-Mail: *info@artemisia.de*
www.artemisia.de

Raritätengärtnerei Treml
Eckerstr. 32
D-93471 Arnbruck
Tel.: (0 99 45) 90 51 00
E-Mail: *treml@pflanzentreml.de*
www.pflanzentreml.de

SAATGUT

Gärtner Pötschke
Beuthener Str. 4
D-41564 Kaarst
Tel.: (0 18 05) 86 11 00
E-Mail: *info@poetschke.de*
www.poetschke.de

Bio-Saatgut Gaby Krautkrämer
Weingartenstrasse 58
D-97252 Frickhausen am Main
Tel.: (0 93 31) 9 89 42 00
E-Mail: *mehrInformation@Bio-Saatgut.de*
www.bio-saatgut.de

Biosem
Adrian & Susanne Jutzet-Jossi
Le Burkli 83
CH-2019 Chambrelien NE
Tel.: (+41) 03 28 55 14 86
E-Mail: *biosem@biosem.ch*
www.biosem.ch

Arche Noah
Obere Str. 40
A-3553 Schiltern
Tel.: (+43) 0 27 34 86 26
E-Mail: *info@arche-noah.at*
www.arche-noah.at

URBAN GARDENING / PROJEKTE

Bundesverband Deutscher Gartenfreunde e. V.
Platanenallee 37
D-14050 Berlin
Tel.: (030) 30 20 71 40
E-Mail: *bdg@kleingarten-bund.de*
www.kleingarten-bund.de

meine ernte
Wörthstraße 54
D-53177 Bonn
Tel.: (02 28) 28 61 71 19
E-Mail: *info@meine-ernte.de*
www.meine-ernte.de

mundraub
Bouchéstr. 79b
D-12435 Berlin
Tel.: (030) 54 82 11 01
E-Mail: *info@mundraub.org*
www.mundraub.org

Solidarische Landwirtschaft e. V. (SoLaWi)
Stephanie Wild
Goetheplatz 9b
D-99425 Weimar
Tel.: (0 36 43) 4 15 06 59
E-Mail: *info@solidarische-landwirtschaft.org*
www.solidarische-landwirtschaft.org

DER AUTOR

Robert Koch ist Gartenbau-Ingenieur und arbeitet an der Staatlichen Lehr- und Versuchsanstalt für Gartenbau in Heidelberg. Der begeisterte Gärtner ist Experte für Kräuter und Balkonpflanzen. Bei KOSMOS hat er auch das Buch „Gärtnern auf Balkon und Terrasse" veröffentlicht.

Register

BILDNACHWEIS

Mit 132 Fotos von:
Gudrun Braun: Seite 3 re., 6 u., 15, 27 re., 39, 41, 44, 45 u. re., 48 u., 51 re., 62, 64/65, 72, 74, 75 o., 81 o., 83 li., 88 o. li. und Mitte, Antje-Katrin Hansen: Seite 50, 52, Nils Reinhard: Seite 1, 2, 3 li., 5, 6 o., 7, 8/9, 11, 12, 16, 18, 19, 20, 22/23, 24, 25, 27 li., 33, 34, 35/36, 38, 40, 42, 43, 45 li. und o. re., 47, 48 o., 49, 53 o., 54, 55, 56, 57, 58, 59, 60, 61, 66, 67, 68, 70, 71, 73, 75 u., 76, 78, 79, 80, 81 u., 82, 84, 85, 87 li., 88 u., 89, 90, 91, 93, Herbert von Schnegge: Seite 53 re., Shutterstock/CBCK: Seite 29, Shutterstock/Petar Djordjevic: Seite 35 u., Shutterstock/B. u. E. Dudzincy: Seite 83 re., Shutterstock/Marie C. Fields: Seite 30, Shutterstock/Jiri Hera: Seite 35 o. re., Shutterstock/Jacob Lund: Seite 85, Shutterstock/Nitipong Prammananang: Seite 21 u., Shutterstock/ratmaner: Seite 35 o. li., Shutterstock/semata design: Seite 21 o., Shutterstock/Tunedin by Westend61: Seite 35 Mitte, Alexander Walter/KOSMOS: Seite 17, 26, 28, 31.

IMPRESSUM

Umschlaggestaltung von Gramisci Editorialdesign, München unter Verwendung von zwei Farbfotos von Antje-Katrin Hansen (Vorderseite) sowie living4media/Sabine Löscher (Rückseite).

Mit 132 Farbfotos

Alle Angaben in diesem Buch sind sorgfältig geprüft und geben den neuesten Wissensstand bei der Veröffentlichung wieder. Da sich aber das Wissen laufend und in rascher Folge weiterentwickelt und vergrößert, muss jeder Anwender prüfen, ob die Angaben nicht durch neuere Erkenntnisse überholt sind. Dazu muss er zum Beispiel Beipackzettel zu Dünge-, Pflanzenschutz- bzw. Pflanzenpflegemitteln lesen und genau befolgen sowie Gebrauchsanweisungen und Gesetze beachten. Jede Dosierung und Anwendung erfolgt auf eigene Gefahr. Autor und Verlag müssen alle Schadensersatzansprüche von vornherein ablehnen.
Gebrauchsnamen, Handelsnamen, Warenbezeichnungen sind in diesem Buch ohne nähere Kennzeichnung in Bezug auf Marken, Gebrauchsmuster und Patentschutz weitergegeben. Daraus kann nicht abgeleitet werden, dass diese Namen und Verfahren als frei im Sinne der Gesetzgebung gelten und von jedermann benutzt werden dürfen.

Unser gesamtes Programm finden Sie unter **kosmos.de**.
Über Neuigkeiten informieren Sie regelmäßig unsere
Newsletter, einfach anmelden unter **kosmos.de/newsletter**

Gedruckt auf chlorfrei gebleichtem Papier

© 2016, Franckh-Kosmos Verlags-GmbH & Co. KG, Stuttgart.
Alle Rechte vorbehalten
ISBN 978-3-440-15077-1
Projektleitung: Gudrun Braun
Redaktion und Bildredaktion: Gudrun Braun
Gestaltungskonzept: Gramisci Editorialdesign, Cornelia Sekulin, München
Gestaltung und Satz: Katrin Kleinschrot, Stuttgart
Produktion: Jürgen Bischoff
Printed in Germany / Imprimé en Allemagne

FSC
www.fsc.org
MIX
Paper from
responsible sources
FSC® C084279

Urban Gardening
—— Gärtnern in der Stadt

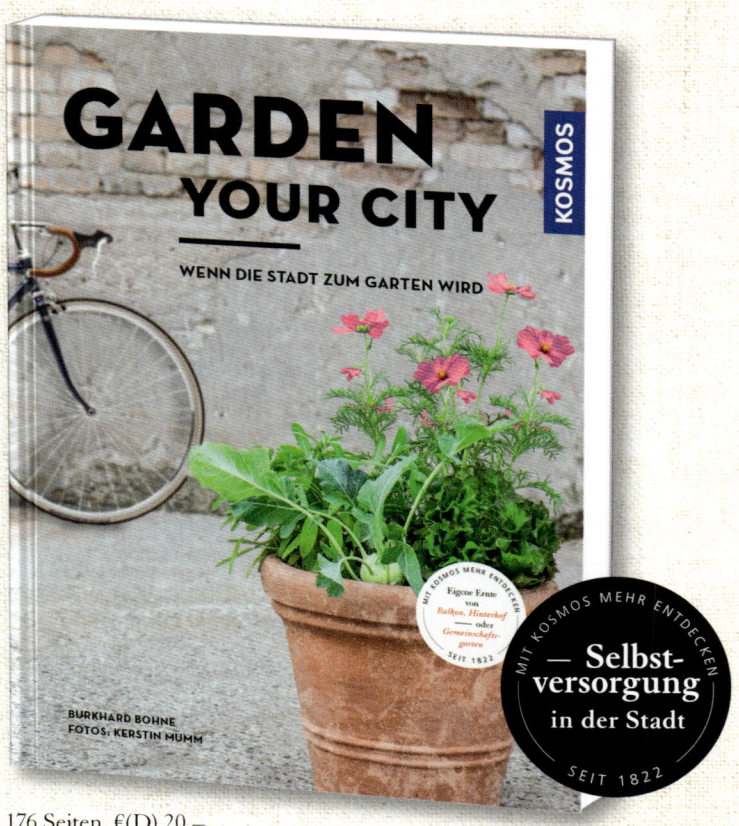

176 Seiten, €(D) 20,–

Wenn die Stadt zum Garten wird. Hier wird gezeigt, wie man auch auf einem eigenen kleinen Flecken Grün in der Stadt Obst, Gemüse, Blumen und Kräuter anbauen kann. Ob auf Balkon, Dachterrasse, auf der Fensterbank, im Hinterhof, auf einer brachliegenden Fläche oder im Minigarten – überall lässt sich ein Platz für die eigene Ernte gestalten. Zum Naschen, Entspannen und Genießen.

kosmos.de